mentor Lernhilfe

Französisch

Vorsicht Fehler!
200 typische Französischfehler erkennen und vermeiden

Diethard Lübke

Mit Testaufgaben und Lösungsteil

In Zusammenarbeit mit Langenscheidt

mentor
Eine Klasse besser.

Über den Autor:

Diethard Lübke, Lehrer für Französisch und Deutsch am Gymnasium, Studiendirektor am Staatlichen Studienseminar für das Lehramt an höheren Schulen, Autor zahlreicher didaktischer Werke und Aufsätze in Fachzeitschriften

Illustrationen: Elmar Fassold, Nürnberg

Layout: Redaktion mentor unter Verwendung des Basis-Layouts von Barbara Slowik, München

Umwelthinweis: Gedruckt auf chlorfrei gebleichtem Papier.

Auflage:	10.	9.	8.	7.	letzte Zahlen
Jahr:	2009	2008	2007		maßgeblich

Der deutsche Text dieses Bandes entspricht der seit 1.8.2006 verbindlichen neuen Rechtschreibung.

Printed in Germany · ISBN 978-3-580-63585-5
www.mentor.de

Vorwort

Liebe Schülerin, lieber Schüler!

Gratuliere, dass du mit diesem Buch arbeiten willst! Dies ist schon der erste Schritt zum Erfolg. Und du wirst sehen, deine Arbeit lohnt sich: Du wirst dir von nun an in Französisch eine ganze Menge „dummer“ Fehler ersparen. „Dumme“ Fehler deshalb, weil sie eigentlich unnötig sind und trotzdem immer wieder gemacht werden.

Bestimmt geht es dir wie allen anderen, die Französisch lernen: Du stößt immer wieder auf Wörter, Wendungen und grammatische Konstruktionen, bei denen du dir unsicher bist, weil es im Deutschen keine direkte Entsprechung gibt. Oder die du falsch verwendest, weil sie dir vom Deutschen (oder Englischen!) her scheinbar vertraut sind, im Französischen aber anders gebraucht werden.

Aus zehntausend Klassenarbeiten und Prüfungsaufgaben von Schülerinnen und Schülern der Realschule, des Gymnasiums und der berufsbildenden Schulen haben wir solche „dummen“ Fehler herausgesucht und daraus die 200 ausgewählt, die besonders häufig vorkamen. Diese 200 „Stolpersteine“ stammen aus allen Bereichen der Sprache: Wortschatz, Grammatik, Aussprache, Rechtschreibung und Sprachgebrauch.

Wenn du diese 200 Stolpersteine kennst und in Zukunft vermeidest, wirst du in deinen Arbeiten etliche Fehler weniger machen. Wie du das am besten anpackst, liest du auf der folgenden Seite. Das Schöne daran ist, dass du völlig selbstständig arbeiten kannst, ohne Nachhilfelehrer oder Eltern, die dir über die Schultern schauen. Du bestimmst selbst Umfang und Tempo, Anfang und Ende deiner Übungen – das Ergebnis damit allerdings auch!

Viel Spaß und Erfolg mit diesem Buch wünschen dir

Autor und mentor Verlag

So arbeitest du erfolgreich mit diesem Buch

1. Was ist das überhaupt für ein Buch?

- Die einzelnen Stichwörter und Problemfälle sind **alphabetisch** geordnet, sodass du mithilfe der auffälligen Buchstaben-Griffleiste rechts oben den gesuchten Begriff schnell findest.
- Auf der **linken Seite** stehen immer **Beispiele, Regeln und Hinweise** – kurz und knapp, leicht zu verstehen und zu merken.
- Gleich gegenüber auf der **rechten Seite** folgt ein **kleiner Test,** mit dem du das Gelernte überprüfen kannst.
- Hinten im **Lösungsteil** kannst du dann kontrollieren, ob du es auch wirklich richtig gemacht hast.
- Kleine Textausschnitte, Witze und Abbildungen aus Zeitungen, Zeitschriften oder einfach aus dem Alltag zeigen dir, wie das Wort oder die Wendung **in der Praxis** angewendet wird.
- Sehr nützlich – nicht nur für die Arbeit mit diesem Buch, sondern auch sonst – sind die **Erklärungen zu grammatischen Fachbegriffen** (ab S. 203).
- Das sehr umfangreiche **Stichwortverzeichnis** (ab S. 211) hilft dir, auch solche Begriffe schnell zu finden, die kein eigenes Kapitel haben.

2. Wie arbeitest du nun mit diesem Buch am erfolgreichsten?

- Du benutzt es als **Nachschlagewerk:** Wann immer du bei einem Wort oder einem sonstigen Problem unsicher bist, kannst du hier nachsehen.
- Du benutzt es als **Wiederholungskurs:** Wenn du vor einer wichtigen Prüfung stehst oder deine Note verbessern willst, kannst du dich fit machen, indem du bestimmte Schwerpunkte heraussuchst – etwa zehn pro Tag. Nach zwanzig Tagen „Crashkurs“ hast du dann eine ganze Menge dazugelernt!
- Du benutzt es als **Übungsbuch und Unterrichtsbegleiter:** Wenn im Unterricht ein Problem auftaucht oder wenn du feststellst, dass du einen bestimmten Fehler in deinen Arbeiten immer wieder machst: Gleich „Vorsicht Fehler!“ rausnehmen und nachsehen, was es dazu an Regeln, Tipps und Hinweisen gibt.

PS: Noch ein **Tipp für Lehrer:** Die 200 kleinen Übungseinheiten aus „Vorsicht Fehler!“ eignen sich hervorragend als fester Bestandteil jeder Französischstunde – dem jeweiligen Unterrichtsstoff angepasst oder in systematischer Reihenfolge.

Inhaltsverzeichnis

1 *a / à*

Form von *avoir*	**Präposition**
*Elle **a** faim.*	*Ce livre est **à** moi.*
*Elle **a** mangé.*	*Elle est **à** Paris.*
*Elle **a** bu un café.*	*Elle a écrit une lettre **à** son ami.*

a (ohne Accent grave) ist eine Form von *avoir* (*il, elle a* = er, sie, es hat).

à (mit Accent grave) ist eine Präposition.

2 *à, de, en*

*Olivier a écrit **à** sa mère et **à** sa tante.*

*Il parle **de** Sandrine et **de** Colette.*

*Il a voyagé **en** Normandie et **en** Bretagne.*

Die Präpositionen *à, de, en* werden vor jedem Beziehungswort **wiederholt.**

3 *à / en* („in“)

vor Städtenamen	**vor weiblichen Ländernamen**	**vor männlichen Ländernamen**
***à** Paris*	***en** France*	***au** Luxembourg*
***à** Francfort*	***en** Allemagne*	***au** Portugal*
***à** Londres*	***en** Angleterre*	***au** Canada*
***à** Bruxelles*	***en** Belgique*	***aux** Etats-Unis*

„in“ vor **Städtenamen** ist zu übersetzen mit *à*.

„in“ vor **weiblichen Ländernamen** ist zu übersetzen mit *en*.

„in“ vor **männlichen Ländernamen** ist zu übersetzen mit *à* + Artikel.

→ Artikel bei Ländernamen (Kap. 24)

Test 1

Ajoutez «a» ou «à»:

Françoise Sagan a écrit à dix-neuf ans son premier roman, «Bonjour tristesse».

1. *aller ___ Paris*
2. *100 kilomètres ___ l'heure*
3. *être prêt ___ partir*
4. *Ce livre est ___ moi.*
5. *Je ne comprends pas pourquoi Alain ___ donné tant d'argent ___ Jean.*

? *tristesse:* Traurigkeit.

Test 2

Complétez:

1. *J'écris une carte postale à Sandrine et _______ son frère.*
2. *J'ai été à Nice et _______ Cannes.*
3. *J'ai voyagé en France et _______ Italie.*

Test 3

Ajoutez «à» ou «en»:

1. *aller _______ Paris* 2. *aller _______ France* 3. *passer ses vacances _______ Canada*

4. *faire un voyage _______ Rome, _______ Italie*

AIR FRANCE PARTOUT EN EUROPE

« Je suis à 100 % d'accord aussi avec la ceinture de sécurité obligatoire à l'arrière : en Suède où elle existe avec un système de retenue pour les enfants, il n'y a pas eu en deux ans un seul bébé tué dans un accident !

? *ceinture de sécurité:* Sicherheitsgurt; *à l'arrière:* hinten.

4 *acheter* und andere Verben auf *-er*

Präsens		**Futur**		**Konditional**	
j'	*achète*	*j'*	*achèterai*	*j'*	*achèterais*
tu	*achètes*	*tu*	*achèteras*	*tu*	*achèterais*
il	*achète*	*il*	*achètera*	*il*	*achèterait*
nous	*achetons*	*nous*	*achèterons*	*nous*	*achèterions*
vous	*achetez*	*vous*	*achèterez*	*vous*	*achèteriez*
ils	*achètent*	*ils*	*achèteront*	*ils*	*achèteraient*

Ebenso: *achever* (vollenden), *geler* (gefrieren), *lever* (hochheben), *mener* (führen), *peler* (schälen), *peser* (wiegen), *se promener* (spazieren gehen) …

Bei diesen Verben steht ***-è-*** im Präsens (außer 1./2. Person Plural), im Futur und im Konditional.

→ weitere Verben auf ***-er*** mit Besonderheiten (Kap. 42, 69, 73, 84, 96, 110, 184)

Adjektive

5 Adjektive: auf *-e*

Xavier est triste. — *Les garçons sont tristes.*

Isabelle est triste. — *Les filles sont tristes.*

Ebenso: *aimable, agréable, aveugle, calme, capable, célèbre, confortable, difficile, énorme, facile, faible, fidèle, formidable, gauche, habile, humide, inutile, jeune, juste, large, libre, magnifique, malade, moderne, nécessaire, pauvre, possible, rapide, responsable, riche, ridicule, rouge, simple, terrible, tranquille, utile, vide …*

Diese Adjektive werden auch im **Maskulinum Singular** mit ***-e*** geschrieben (im Plural entsprechend mit ***-es***).

→ Adjektive auf ***-s*** (Kap. 6)

? *aveugle:* blind; *calme:* ruhig; *fidèle:* treu; *humide:* feucht.

Test 4

Ajoutez les formes du verbe «acheter»:

1. *Présent:*

   *j'*__________________, *nous* __________________, *ils* __________________

2. *Futur:*

   *j'*__________________, *nous* __________________, *ils* __________________

3. *Conditionnel: il* __________________

4. *J'ach*___*te un livre dans une librairie.*

5. *Papa ach*___*te un jouet à son enfant.*

6. *Maman va ach*___*ter des légumes au marché.*

> Antiquaire, 15 ans d'expérience, achète **TOUS MEUBLES ANCIENS,** tableaux, poupées, chambres, salles à manger 1900, bibelots, etc. Estimation. Cl. TISON, Piacé, tél.

? *expérience:* Erfahrung; *ancien:* antik; *bibelots:* Nippes; *estimation:* Schätzung.

Test 5

Complétez:

1. *Xavier est un jeun*___ *homme aimabl*___ .

2. *M. Dubois est malad*___ *depuis deux jours; il est difficil*___ *de le remplacer.*

3. *Ce petit appartement est confortabl*___ .

4. *M. Covin est responsabl*___ .

5. *Renoir était un peintre français célèbr*___ .

> **Alcool à 15 ans**
>
> ■ 50 % des jeunes de 15 ans consomment des boissons alcoolisées au moins une fois par semaine, selon un rapport établi par un médecin du travail de Roanne (Loire) qui a mené pendant trois ans une recherche sur l'alcoolisation des jeunes en milieu scolaire.

? *remplacer:* ersetzen; *peintre:* Maler; *consommer:* trinken; *boisson:* Getränk; *recherche:* Untersuchung.

6 Adjektive: auf *-s*

Le résultat est mauvais. — *Ils sont mauvais.*

La dictée est mauvaise. — *Elles sont mauvaises.*

Ebenso: *anglais, bourgeois, confus, divers, français, gris, précis, promis …*

> Diese Adjektive enden auch im **Maskulinum Singular** auf ***-s***.

→ Adjektive auf ***-e*** (Kap. 5)

7 Adjektive: *beau/bel, nouveau/nouvel, vieux/vieil*

le beau monsieur	*les beaux messieurs*
*le **bel e**nfant*	*les beaux enfants*
*le **bel h**omme*	*les beaux hommes*
la belle femme	*les belles femmes*
le nouveau modèle	*les nouveaux modèles*
*le **nouvel a**ppartement*	*les nouveaux appartements*
*le **nouvel h**abit*	*les nouveaux habits*
la nouvelle voiture	*les nouvelles voitures*
le vieux grand-père	*les vieux grand-pères*
*un **vieil a**mi*	*les vieux amis*
*le **vieil h**omme*	*les vieux hommes*
la vieille femme	*les vieilles femmes*

> Beachte, dass die Formen *bel, nouvel, vieil* im **Maskulinum Singular** vor Wörtern gebraucht werden, die mit **Vokal oder stummem *h-*** beginnen.

? *habit:* Kleidungsstück.

Test 6

Complétez:

1. *porter un manteau gri___*

2. *Le ciel n'est pas bleu___ , il est gri___ .*

3. *un touriste anglai___ et un touriste françai___*

4. *Le café n'est pas bon___ , il est mauvai___ .*

Test 7

Complétez:

1. *(beau ...) Voici Isabelle: a) Elle a un _________ visage, b) une _________ peau, c) de _________ yeux, d) une _________ bouche, e) de _________ dents. f) Elle a de _________ cheveux. g) Elle porte un _________ costume folklorique.*

2. *(beau ...) a) admirer un _________ paysage b) C'est un _________ arbre. c) une _________ nuit d) un _________ après-midi e) une _________ matinée*

3. *(nouveau ...) a) la mode ___________________ b) une ___________________ édition de ce livre c) le N___________________ Monde d) les ___________________ mariés e) le ___________________ élu*

4. *(vieux ...) a) la _____________ ville b) C'est une _____________ histoire. c) un ___________________ arbre d) On a conduit la ___________________ dame à l'hôpital.*

? *marié:* verheiratet; *élu:* Gewählte.

8 Adjektive: Stellung beim Nomen

un ***bon*** *élève*	*un* ***jeune*** *homme*
un ***mauvais*** *élève*	*un* ***vieil*** *homme*
un ***grand*** *garçon*	*une* ***belle*** *femme*
un ***petit*** *garçon*	*une* ***jolie*** *femme*

> Die Adjektive *bon, mauvais, grand, petit, jeune, vieux, beau, joli* stehen **immer vor dem Nomen**.

9 Adjektive: Veränderlichkeit

	Aber Deutsch	Aber Englisch
Il est gentil.	Er ist nett.	He is nice.
Elle *est genti****lle****.*	Sie ist nett.	She is nice.
Ils *sont gentil****s****.* ***Elles*** *sont genti****lles****.*	Sie sind nett.	They are nice.

> Im Französischen richtet sich das Adjektiv in **Geschlecht** und **Zahl** nach seinem **Beziehungswort.**

> **J.H., 37 ANS,** célibataire, ouvrier sérieux, doux, sobre, simple, franc, calme, recherche jeune femme douce, gentille, franche, pour vie à deux. Ecrire à INTER-RÉGIES,

? *célibataire:* ledig; *sobre:* nüchtern, hier: Nichttrinker.

Test 8

Complétez:

1. *un* ______________________ *roman* ______________________ *(bon)*

2. *un* ______________________ *roman* ______________________ *(intéressant)*

3. *un* ______________________ *roman* ______________________ *(mauvais)*

4. *une* ______________________ *maison* ______________________ *(belle)*

5. *une* ______________________ *maison* ______________________ *(vieille)*

6. *une* ______________________ *maison* ______________________ *(petite)*

Test 9

Complétez:

1. *un petit* _______ *appartement*

2. *une petit* _______ *voiture*

3. *une petit* _______ *somme d'argent*

4. *une petit* _______ *ville*

AIR FRANCE RECRUTE

Air France recrute des hôtesses de bord et des stewards. Les candidats doivent répondre aux conditions suivantes : être de nationalité française ou ressortissant de la Communauté économique européenne, être âgé de vingt et un ans au moins et de vingt-six ans au plus, être dégagé des obligations militaires, avoir le niveau baccalauréat, parler couramment anglais (une seconde langue est souhaitée), mesurer entre 1,60 m et 1,75 m pour les hôtesses et entre 1,70 m et 1,88 m pour les stewards.

5.

? *recruter:* Personal einstellen; *ressortissant:* Staatsangehöriger; *dégagé:* befreit; *baccalauréat:* Abitur; *couramment:* fließend; *souhaité:* erwünscht.

Adjektive: unregelmäßige Formen (Tabelle)

Adjektive auf -c

blanc/blanche/blancs/blanches *sec/sèche/secs/sèches*	**Ebenso:** *franc*
public/publique/publics/publiques	**Ebenso:** *caduc, turc* ϟ **Aber:** *grec/grecque*

Adjektive auf -f

sportif/sportive/sportifs/sportives	**Ebenso:** *actif, attentif, collectif, naïf, neuf, relatif, tardif, vif …*
bref/brève/brefs/brèves	

Adjektive auf -g

long/longue/longs/longues

Adjektive auf -l

amical/amicale/amicaux/amicales	**Ebenso:** *brutal, central, commercial, égal, familial, local, médical, minéral, national, original, postal, principal, social, spécial, total …* ϟ **Aber:** *banal/banals, fatal/fatals, final/finals*
naturel/naturelle/naturels/naturelles	**Ebenso:** *actuel, annuel, criminel, essentiel, exceptionnel, individuel, industriel, intellectuel, maternel, mortel, officiel, paternel, personnel, professionnel, réel, sensationnel, traditionnel, visuel …*

pareil/pareille/pareils/pareilles

gentil [ʒɑ̃ti]/*gentille/gentils/gentilles*

Adjektive auf -n

bon/bonne/bons/bonnes	**Ebenso:** *ancien, européen, moyen …*
malin/maligne/malins/malignes	**Ebenso:** *bénin*

? *sec:* trocken; *caduc:* hinfällig; *tardif:* spät; *bref:* kurz; *annuel:* jährlich; *essentiel:* wesentlich; *maternel:* mütterlich; *assistante maternelle:* Tagesmutter; *visuel:* sichtbar; *gentil:* nett; *malin:* schlau; *bénin:* gutartig.

Adjektive auf -r

étranger/étrangère/étrangers/étrangères — **Ebenso:** *dernier, entier, familier, financier, léger, premier, régulier*

cher[ʃɛr]/*chère*[ʃɛr]/*chers*[ʃɛr]/*chères*[ʃɛr] — **Ebenso:** *amer, fier*

Adjektive auf -s

bas/basse/bas/basses — **Ebenso:** *épais, gras, gros, las*

Aber: *frais/fraîche/frais/fraîches*

Adjektive auf -t

sot[so]/*sotte*[sɔt]/*sots/sottes* — **Ebenso:** *vieillot*

Aber: *idiot/idiote*

inquiet/inquiète/inquiets/inquiètes — **Ebenso:** *complet, concret, discret, secret*

Aber: *muet/muette, net/nette*

Adjektive auf -u

aigu/aiguë/aigus/aiguës — **Ebenso:** *ambigu*

Adjektive auf -x

heureux/heureuse/heureux/heureuses — **Ebenso:** *affreux, amoureux, courageux, curieux, dangereux, délicieux, fameux, furieux, gracieux, joyeux, luxueux, malheureux, merveilleux, mystérieux, nerveux, nombreux, paresseux, précieux, religieux, sérieux, silencieux …*

faux/fausse/faux/fausses — **Ebenso:** *roux*

doux/douce/doux/douces

jaloux/jalouse/jaloux/jalouses

- **Fruits et légumes**
  Radis, la botte .... 3,45 F
  Fraises, barquette de 250 g .... 6,95 F
- **Crème fraîche**
  le pot de 50 cl .... 5,90 F
- **Fromage Chaume**
  à la coupe, le kg .... 42,70 F
- **Pâtisserie**
  Tarte aux pommes, 8 personnes .... 15,80 F

? *amer:* bitter; *fier:* stolz; *épais:* dick; *gras:* fett; *las:* müde; *sot:* dumm; *muet:* stumm; *aigu:* scharf; *ambigu:* vieldeutig; *jaloux:* eifersüchtig.

Adjektiv/Adverb

L'adjectif et l'adverbe – ähnlich, aber nicht gleich!

10 Adjektiv / Adverb: Unterscheidung

Adjektiv	Adverb
*Elle est **libre**.*	*Elle décide **librement**.*
*une **vive** discussion*	*Ils discutent **vivement**.*
*Son sourire est **ironique**.*	*Elle sourit **ironiquement**.*
*la **bonne** voiture*	*Elle roule **bien**.*
*un **mauvais** élève*	*Il travaille **mal**.*
*la voiture **rapide***	*Elle roule **vite**.*
*une décision **rapide***	*se décider **rapidement**.*

> Das **Adjektiv** bezieht sich entweder auf ein **Nomen** oder auf ein **Pronomen**.
>
> Das **Adverb** bezieht sich meist auf ein **Verb**.
>
> Zu den Adjektiven *bon, mauvais, rapide* gehören die Adverbien *bien, mal, vite/rapidement*.

→ unregelmäßige Adverbien (Tabelle S. 20)

– Si vous ne travaillez pas plus vite, je serai obligée d'engager une autre bonne.

– Je vous remercie beaucoup, madame. J'ai toujours pensé qu'il y avait du travail pour deux.

? *engager:* einstellen; *bonne:* Dienstmädchen.

Test 10

	Adjectif	Adverbe
1. *Complétez «prudent» ou «prudemment»:*		
a) un conducteur ______________________________	☒	☐
b) Il conduit ______________________________ .	☐	☒
c) un alpiniste ______________________________	☐	☐
2. *Complétez «poli» ou «poliment»:*		
a) saluer ______________________ *ses amis*	☐	☐
b) un jeune homme ______________________	☐	☐
c) refuser ______________________ *une invitation*	☐	☐
3. *Complétez «bon» ou «bien»:*		
a) chercher un _________ *hôtel*	☐	☐
b) Le lit est _________ .	☐	☐
c) J'ai _________ *dormi.*	☐	☐
4. *Complétez «mauvais» ou «mal»:*		
a) Le temps est _________________________ *; il pleut.*	☐	☐
b) Le moment est _________________________ *choisi.*	☐	☐
c) Les affaires vont _________________________ .	☐	☐
5. *Complétez «rapide» ou «vite»:*	☐	☐
a) Ce train _______________ *roule très* _______________ .	☐	☐
b) prendre une décision trop ________________	☐	☐

? *prudent:* vorsichtig; *poli:* höflich; *refuser:* ablehnen.

11 Adjektiv / Adverb: unregelmäßige Steigerung

Adjektiv

bon	→	***meilleur***	→	*le meilleur*
bonne		***meilleure***		*la meilleure*

Adverbien

bien	→	***mieux***	→	*le mieux*
beaucoup	→	***plus***	→	*le plus*
peu	→	***moins***	→	*le moins*

Beachte diese **unregelmäßigen** Steigerungsformen!

Adjektiv / Adverb: unregelmäßige Adverbien (Tabelle)

Adjektiv	Adverb
bref, brève	*bri**è**vement*
énorme	*énorm**é**ment*
	Ebenso: *assurément, conformément, confusément, forcément, intensément, précisément, profondément …*
évident, évidente	*évid**emm**ent* [-amã]
	Ebenso: *apparemment, prudemment, récemment …*
bruyant, bruyante	*bruy**amm**ent* [-amã]
	Ebenso: *constamment, élégamment, suffisamment …*
gentil, gentille	*gent**i**ment*
vrai, vraie	*vr**ai**ment*
	Ebenso: *absolument, aisément, hardiment, poliment …*

? *bref:* kurz: *assurément:* sicherlich; *forcément:* gezwungenermaßen; *évident:* offensichtlich; *bruyamment:* laut; *constamment:* beständig; *prudemment:* vorsichtig; *récemment:* kürzlich; *gentil:* freundlich; *aisément:* ohne Schwierigkeiten; *hardiment:* kühn.

Test 11

Complétez:

1. *Alain est un bon copain; il est mon* ________________________ *ami.*

2. *Je l'aime bien, je l'aime* ____________________ *que les autres.*

3. *Nous passons beaucoup de temps ensemble; je passe avec lui* ______________ *de temps qu' avec mes autres camarades.*

Test zur Tabelle

Quel est l'adverbe?

1. *prudent, prudente*

2. *forcé, forcée*

3. *énorme*

4. *récent, récente*

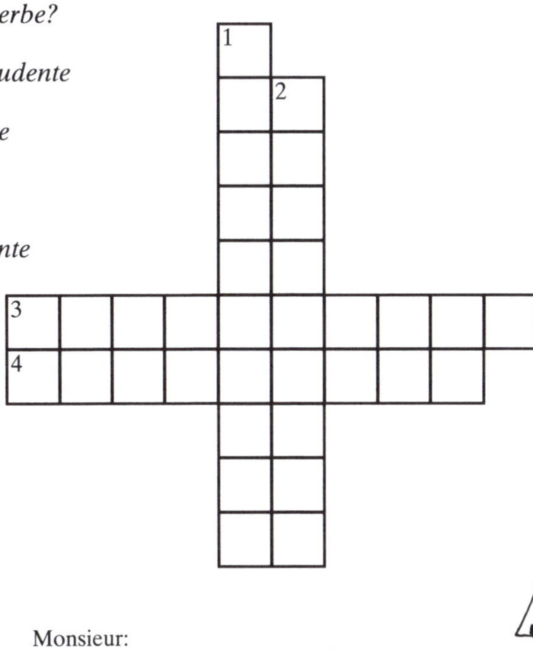

Monsieur:
– Tes champignons sont **vraiment** délicieux, ma chérie. Où as-tu trouvé la recette?

Madame:
– Dans un roman policier, mon chéri!

? *champignon:* Pilz; *délicieux:* köstlich; *roman policier:* Kriminalroman.

12 *agir*

*Dans ce texte, **il** s'agit de la politique.*

*Dans cet article de journal, **il** s'agit d'un accident.*

> *il s'agit de* kann **nur unpersönlich** gebraucht werden (mit *il* = es).

13 *aider qn*

	Aber Deutsch
Il aide ✗ son frère.	Er hilft seine**m** Bruder.
*Il **l'**aide à faire ses devoirs.*	Er hilft **ihm**, seine Hausaufgaben zu machen.
*(aider **qn** à faire qc)*	

> Beachte: „jemande**m** helfen": *aider **qn*** (ϟ nicht: ~~*à qn*~~*!*)

→ *suivre qn* (Kap. 167)

14 Altersangaben

	Aber Deutsch
*Elle **a** trente-cinq ans.*	Sie **ist** fünfunddreißig.
*Ses enfants **ont** dix et onze ans.*	Ihre Kinder **sind** zehn und elf Jahre alt.

Aber Englisch

She **is** thirty-five.

Her children **are** ten and eleven years old.

> Im Französischen wird die **Altersangabe** mit dem Hilfsverb ***avoir*** ausgedrückt.

Test 12

Complétez:

1. *De quoi* ______________________ *dans ce roman?*

2. *Dans ce roman,* ______________________ *un grand amour.*

3. *Dans ce chapitre,* ______________________ *la première rencontre des deux amoureux.*

? *rencontre:* Treffen; *amoureux:* Verliebter.

Test 13

Traduisez:

1. *J'aide* ______________________ . (meiner Mutter)

2. *J'aide* ______________________ . (meinem Vater)

3. *Je* _________ *aide.* (ihm)

4. *J'aide* ______________________ . (meinen Freunden)

5. *Je* _________ *aide.* (ihnen)

Test 14

Traduisez les phrases allemandes:

1. *Sandrine va se marier.*
   (Sandrine ist 20 Jahre alt.)

   a) ______________________________

   (Ihr Freund ist 25 Jahre alt.)

   b) ______________________________

2. *Sandrine n'a plus de père.*
   (Er war 60 Jahre alt …)

   ____

   au moment de sa mort.

« Mes parents ont divorcé quand j'avais quatre ans. Mon frère en avait neuf et ma sœur douze. Nous avons été confiés à la garde de ma mère. Pendant un an, mon père est venu nous voir un week-end sur deux. Puis, refusant de voir ma mère, il n'est plus venu. J'ai maintenant dix-huit ans, et voici douze ans que je n'ai pas vu mon père. » (Anne, [illegible] Triste litanie pour des enfants prétendus rois... Que faire ?

? *divorcer:* sich scheiden lassen; *confier:* anvertrauen; *refuser:* ablehnen; *litanie:* Litanei; *prétendu:* angeblich; *roi:* König.

15 Anführungszeichen

«La liberté» selon Sartre …

Descartes a dit: «Je pense, donc je suis.»

Die Anführungszeichen (*guillemets*) dienen dazu, ein Wort hervorzuheben oder ein Zitat anzuzeigen.

? *Sartre:* französischer Philosoph und Schriftsteller; *Descartes:* französischer Philosoph; *donc:* folglich.

Apostroph

16 Apostroph: ↯ *le héros*

	Aber
***le** héros* [ləero]	*l'héroïne* [lerɔin]
les héros [leero]	*l'héroïsme*

Vor *héros* wird das *le* **nicht apostrophiert.** (*les* wird vor *héros* nicht gebunden.)

? *héros:* Held; *héroïne:* Heldin.

17 Apostroph: ↯ *le huit, le onze, le oui, la une*

	Aber
***le h**uit*	*l'humanité …*
***le o**nze, **le o**ui*	*l'océan …*
***la u**ne* (= 1. Seite der Zeitung)	*l'uniforme …*

le und *la* werden **nicht apostrophiert** vor den Wörtern *huit, onze, oui* und *une.*

Test 15

Quels mots, quelle phrase faut-il mettre entre guillemets?

1. *croire au progrès de l'humanité*

2. *Nous avons lu la fable Le loup et l'agneau de La Fontaine.*

3. *Selon La Fontaine: La raison du plus fort est toujours la meilleure.*

? *progrès:* Fortschritt; *humanité:* Menschheit; *loup:* Wolf; *agneau:* Lamm; *La Fontaine:* französischer Autor; *raison:* Argument.

Test 16

Ajoutez l'article:

1. *J'ai vu un film avec Jean Gabin; j'aime ______ héros de ce film.*

2. *Jeanne d'Arc est ______ héroïne nationale des Français.*

3. *J'admire ______ héroïsme des Bourgeois de Calais.*

? *Bourgeois de Calais:* Bürger von Calais (sechs Männer, die sich im 14. Jh. den feindlichen Engländern auslieferten, um die Stadt zu retten).

Test 17

Ajoutez l'article:

1. ______ *onze novembre*

2. ______ *onze de France (= l'équipe de football)*

3. ______ *oui au référendum*

4. *Cette affaire est à la ______ de tous les journaux.*

5. ______ *union fait la force.*

? *équipe de football:* Fußballmannschaft; *référendum:* Volksentscheid; *force:* Stärke.

18 Apostroph: bei *que*

	Aber
***Qu'e**st-ce que c'est?*	***Qui** est-ce?*
*C'est Sandrine **qu'i**l voit?*	*C'est Sandrine **qui a**rrive?*

> *que* wird apostrophiert,
> Achtung: *qui* wird nicht apostrophiert.

19 Apostroph: bei *si*

	Aber
***s'il** vient …*	***si e**lle vient …*
***s'ils** viennent …*	***si o**n vient …/**si l'o**n vient …*
	***si A**lain vient …*

> *si* wird nur vor *il, ils* apostrophiert.
> (Neben *si on* ist auch *si l'on* richtig.)

20 *s'approcher de*

	Aber Englisch
*Il s'approche **de** la porte.*	The ship is approaching ✘ the quay.
*Elle s'approche **de** lui.*	

Ebenso

*Il s'éloigne **de** la porte.*

*Elle s'éloigne **de** lui.*

> Beachte: *s'approcher **de** qc/**de** qn*

Test 18

Ajoutez «qui» ou «que»:

1. _______ *a téléphoné?*
2. _______ *êtes-vous?*
3. *C'est Sandrine* _______ *est partie?*
4. *Avec* _______ *est-elle partie?*
5. *Voici la lettre* _______ *elle a écrite.*
6. _______ *allez-vous faire?*

Test 19

Ajoutez «si»:

1. ___ *elle est d'accord …*
2. ___ *il est aussi d'accord …*
3. ___ *elle les avait vus …*
4. ___ *ils les avaient vus …*

Test 20

Complétez:

1. *approcher la tasse* _______ *ses lèvres*
2. *approcher la table* _______ *la fenêtre*
3. *Alain s'approche* _______ *but.*

? *lèvres:* Lippen; *but:* Ziel.

21 *après / après que*

Präposition	Konjunktion
***après** le petit déjeuner*	***Après qu'**il eut pris le petit déjeuner …*
***après** son départ*	***Après qu'**il fut parti …*

Aber Englisch

after breakfast	**After** he had had his breakfast …
after his departure	**After** he had left …

> *après* ist eine **Präposition.**
>
> *après que* ist eine **Konjunktion** und leitet immer einen Nebensatz ein.

→ weitere Präpositionen/Konjunktionen (Kap. 33, 62, 92, 111)

Artikel

männlich oder weiblich?

22 Artikel: Automarken

	Aber Deutsch
***une** auto*	**ein** Auto
***une** voiture*	**ein** Wagen
***une** Renault*	**ein** Renault
***une** Mercédès*	**ein** Mercedes

> Im Französischen sind alle Automarken **weiblich.**

A vendre **PASSAT VOLKSWAGEN,** 1987, blanche, 32.000 km, 53.000 F, première main, libre 14 avril. Téléphoner au [illegible]

Test 21

Ajoutez «après» ou «après que»:

1. ______________________ *le repas …*
2. ______________________ *le repas fut fini …*
3. ______________________ *la fin de la messe …*
4. ______________________ *la guerre …*
5. ______________________ *tout fut fini …*
6. ______________________ *tous les invités eurent quitté la salle …*

? *repas:* Essen; *sieste:* Mittagsschlaf.

Test 22

Complétez:

1. *Tu achètes* _______ *Peugeot?*
2. *Moi, j'ai* _______ *Volkswagen.*
3. *M. Dubois est très content de* _______ *Citroën.*

Lionel AUBOUIN et sa BMW M3 en action.

23 Artikel: Eigennamen

	Aber
*demander **à** Pierre*	*demander **au** professeur*
*demander **à** Mme Dubois*	*demander **à la** dame*
*la voiture **de** M. Dubois*	*la voiture **du** directeur*
*parler **de** Sandrine*	*parler **de la** voisine*

Vor Eigennamen steht **kein Artikel.**
(Auch nicht, wenn *monsieur, madame, mademoiselle* vorausgehen.)

24 Artikel: Ländernamen

***la** France* | ***la** Suisse*
***la** Belgique* | ***la** Chine …*

Die meisten Ländernamen sind **weiblich.**

ϟ **Achtung Ausnahmen:** Einige wenige sind **männlich**!

***le** Brésil*	***le** Luxembourg*
***le** Canada*	***le** Mexique*
***le** Danemark*	***le** Portugal*
***le** Japon*	***le** Pérou*
***le** Liban*	***le** Vénézuéla …*

→ *à / en* vor Ländernamen (Kap. 3)

Test 23

1. *Ajoutez «à», «au»:*

   a) parler _______ patron b) parler _______ M. Dupont c) téléphoner _______ directeur

   d) téléphoner _______ Jean e) téléphoner _______ Madame Dubois

2. *Ajoutez «de», «de l'»:*

   a) C'est l'adresse _________ Sandrine. b) Voici l'adresse _________ Mme Dubois.

   c) Tu as l'adresse _________ hôtel?

Test 24

Ajoutez l'article:

1. _______ *France* 2. _______ *Canada* 3. _______ *Luxembourg* 4. _______ *Suisse*

5. _______ *Belgique* 6. _______ *Pologne* 7. _______ *Chine* 8. _______ *Japon*

9. _______ *Pérou*

? *souris:* Maus.

25 Artikel: Nomen auf *-age*

	Aber Deutsch
le** gar**age	**die** Garage
le** pass**age	**die** Passage
le** report**age	**die** Reportage

Die Nomen auf ***-age*** sind im Französischen **männlich.**
(Im Deutschen sind die Nomen auf -age weiblich.)

ϟ **Achtung Ausnahmen:** *la cage, la page, la plage, la rage, une image.*

? *cage:* Käfig; *rage:* (Toll-)Wut.

26 Artikel: Nomen auf *-eur*

Konkreta	**Abstrakta**
***le** direct**eur**, **le** mot**eur**, **le** lect**eur** …*	***la** doul**eur**, **une** err**eur**, **la** grand**eur** …*

Nomen auf ***-eur*** sind **männlich**, wenn sie etwas Konkretes bezeichnen.

ϟ **Achtung Ausnahmen:** ***la** sueur, **la** vapeur*

Nomen auf ***-eur*** sind **weiblich**, wenn sie etwas Abstraktes bezeichnen.

ϟ **Achtung Ausnahmen:** ***le** bonheur, **le** malheur, **un** honneur*

? *douleur:* Schmerz; *erreur:* Irrtum; *sueur:* Schweiß; *vapeur:* Dampf; *honneur:* Ehre.

27 Artikel: Nomen auf *-té*

***la** nationali**té**, **la** liber**té**, **la** volon**té** …*

Die meisten Nomen auf ***-té*** sind **weiblich.**

ϟ **Achtung Ausnahmen:** ***le** comité, **le** côté, **le** député, **un** été, **le** pâté, **le** traité …*

? *volonté:* Wille; *été:* Sommer; *pâté:* Pastete; *traité:* Vertrag.

Test 25

Ajoutez «un», «une»:

1. *faire* _______ *reportage* 2. *lire* _______ *page de ce livre* 3. *citer* _______ *passage*

4. *avoir* _______ *garage* 5. _______ *nuage* 6. *faire* _______ *mariage d'amour*

COMEDIE-FRANÇAISE
La Société des Comédiens Français
"LE MARIAGE DE FIGARO"
de Beaumarchais. Mise en scène d'Antoine Vitez.

? *nuage:* Wolke.

Test 26

Ajoutez l'article:

1. _______ *moteur* 2. _______ *directeur* 3. _______ *douleur* 4. _______ *grandeur*

5. _______ *auteur* 6. _______ *visiteur* 7. _______ *fraîcheur* 8. _______ *bonheur*

9. _______ *malheur* 10. _______ *vapeur* 11. _______ *longueur* 12. _______ *chaleur*

Sont féminins: *la douleur,* _______________________________________

____ .

Sont masculins: *le moteur,* _______________________________________

____ .

? *fraîcheur:* Frische; *chaleur:* Wärme.

Test 27

Ajoutez «un», «une»:

1. _______ *amitié sincère*

2. *Alain, malgré ses défauts, a* _______ *côté sympathique.*

3. *Voici* _______ *député de la majorité.*

4. *parler avec* _______ *simplicité qui touche le cœur*

? *sincère:* aufrichtig; *défaut:* Fehler; *majorité:* Mehrheit.

Artikel (Tabelle)

Folgende Wörter lauten im Deutschen und im Französischen ähnlich, haben aber unterschiedliche Artikel:

Französisch	Deutsch
Maskulinum	**Femininum**
un *abricot*	**eine** Aprikose
un *ananas*	**eine** Ananas
un *axe*	**eine** Achse
le *banc*	**die** Bank (Sitz)
le *bar*	**die** Bar
le *beurre*	**die** Butter
le *bouillon*	**die** Bouillon
le *bronze*	**die** Bronze
le *buste*	**die** Büste
le *canon*	**die** Kanone
le *carrosse*	**die** Karosse
le *chiffre*	**die** Ziffer
le *chocolat*	**die** Schokolade
le *cigare*	**die** Zigarre
le *citron*	**die** Zitrone
le *comique*	**die** Komik
le *contrôle*	**die** Kontrolle
le *crabe*	**die** Krabbe
le *cyclone*	**die** Zyklone
le *débat*	**die** Debatte
le *diocèse*	**die** Diözese
le *diagnostic*	**die** Diagnose
le *domaine*	**die** Domäne
un *épisode*	**eine** Episode
un *étage*	**eine** Etage
le *flanc*	**die** Flanke
le *front*	**die** Front
le *fruit*	**die** Frucht
le *gage*	**die** Gage
le *garage*	**die** Garage
le *geste*	**die** Geste
le *graphique*	**die** Grafik
le *groupe*	**die** Gruppe
un *hymne*	**eine** Hymne
le *jury*	**die** Jury
le *mark*	**die** Mark
le *masque*	**die** Maske
le *melon*	**die** Melone
le *microbe*	**die** Mikrobe
le *million*	**die** Million
le *milliard*	**die** Milliarde
le *narcisse*	**die** Narzisse
le *nez*	**die** Nase
le *nombre*	**die** Nummer
le *numéro*	**die** Nummer
un *opéra*	**eine** Oper
un *ordre*	**eine** Ordnung
le *parti*	**die** Partei
le *passage*	**die** Passage
le *plat*	**die** Platte
le *platane*	**die** Platane
le *rallye*	**die** Rallye
le *rat*	**die** Ratte
le *reportage*	**die** Reportage
le *rôle*	**die** Rolle
le *tour*	**die** Tour
le *tube*	**die** Tube
un *uniforme*	**eine** Uniform
le *vase*	**die** Vase
le *violon*	**die** Violine

etc.

Bessé-sur-Braye

● **Grande Foire de printemps : 21 heures, un dîner dansant, avec orchestre, se déroulera à la salle des fêtes.**

Französisch	Deutsch
Femininum	Maskulinum/Neutrum
une *alarme*	**ein** Alarm
une *ancre*	**ein** Anker
une *auto*	**ein** Auto
une *aventure*	**ein** Abenteuer
la *barbe*	**der** Bart
la *bière*	**das** Bier
la *boxe*	**das** Boxen
la *carpe*	**der** Karpfen
la *chanson*	**das** Chanson
la *chicorée*	**der** Chicorée
la *comète*	**der** Komet
la *compote*	**das** Kompott
la *croix*	**das** Kreuz
la *danse*	**der** Tanz
la *date*	**das** Datum
la *dictée*	**das** Diktat
la *dispute*	**der** Disput
la *dynamite*	**das** Dynamit
une *entrée*	**ein** Entree
une *étoffe*	**ein** Stoff
la *fenêtre*	**das** Fenster
la *fête*	**das** Fest
la *forêt*	**der** Forst
une *hormone*	**ein** Hormon
une *idole*	**ein** Idol
une *interview*	**ein** Interview
la *liqueur*	**der** Likör
la *marche*	**der** Marsch
la *mer*	**das** Meer
la *molécule*	**das** Molekül
la *nasale*	**der** Nasal
la *nicotine*	**das** Nikotin
la *nuque*	**der** Nacken
la *paire*	**das** Paar
la *photo*	**das** Foto
la *place*	**der** Platz
la *planète*	**der** Planet
la *platine*	**das** Platin
la *pompe*	**der** Pomp
la *porcelaine*	**das** Porzellan
la *poudre*	**der** Puder
la *radio*	**das** Radio
la *rime*	**der** Reim
la *salade*	**der** Salat
la *salle*	**der** Saal
la *selle*	**der** Sattel
la *solde*	**der** Sold
la *terreur*	**der** Terror
la *topaze*	**der** Topas
la *tour*	**der** Turm
la *tumeur*	**der** Tumor
une *urine*	**ein** Urin
la *valse*	**der** Walzer
la *vitamine*	**das** Vitamin
etc.	

• Quel est le rôle de la Croix-Rouge Française ?
Assurer l'aide sociale et humanitaire, en France et dans le monde en temps de paix, en particulier lors de catastrophes naturelles. Pour cela, la Croix-Rouge Française travaille en lien étroit avec la Ligue des

28 *aussi*

„auch“	**„daher“**
*Elle **aussi** est d'accord.*	*Ce timbre est rare, **aussi** coûte-t-il cher.*
*Lui **aussi** est venu.*	*Il s'est trompé.* ***Aussi** recommence-t-il son calcul.*

> **Mitten im Satz** bedeutet *aussi* „auch“.
>
> **Am Satzanfang** bedeutet *aussi* „daher“.
> (Danach steht die **Inversion**; das ist die Umstellung von Subjekt und Verb.)

29 Aussprache von *-er*

		Aber	
cher [ʃɛr]	*chère*	*mar**cher***	[-ʃe]
fier [fjɛr]	*fière*	*se mé**fier***	[-fje]
amer [amɛr]	*amère*	*ai**mer***	[-me]

> Beachte die Aussprache dieser drei Adjektive:
> *cher* [ʃɛr], *fier* [fjɛr], *amer* [amɛr].

30 Aussprache von *-eu-*

		Aber			
*il a **eu***	[y]	***eu**ropéen*	[ø]	*p**eu**r*	[œ]
*il **eu**t*	[y]	*h**eu**r**eu**x*	[ø]	*doul**eu**r*	[œ]

> Bei den Formen von *avoir* wird ***eu*** = [y] ausgesprochen.
> Sonst wird ***eu*** = [ø], [œ] ausgesprochen.

Test 28

Traduisez les phrases allemandes:

1. *J'aime la musique.* (Mein Freund mag auch die Musik.)

___

2. *Je le connais.* (Er kennt mich auch.)

___

3. *J'aime la musique classique.* (Daher habe ich viele CDs.)

___

4. *Il travaille beaucoup.* (Daher hat er Erfolg.)

___

Je n'ai pas les mêmes opinions politiques que ma famille. Aussi, quand je vais chez moi, je suis mal à l'aise quand la conversation aborde les questions politiques.

? *être mal à l'aise:* sich unwohl fühlen; *aborder:* ansprechen.

Test 29

Comment faut-il prononcer les mots soulignés?

1. *cher ami:* [ ]
2. *chère maman:* [ ]
3. *aller chez le boucher:* [ ]
4. *se coucher tard:* [ ]
5. *confier un secret à un ami:* [ ]
6. *être fier de son œuvre :* [ ]
7. *un chagrin amer:* [ ]

Test 30

Voici quelques mots:

1. *eurovision* 2. *j'ai pensé à eux* 3. *elle a eu froid* 4. *malheureux*

5. *tout à coup elle eut une idée* 6. *curieux* 7. *directeur* 8. *le ciel bleu*

On prononce [y]: ___

31 *autre*

un autre/une autre	***de l'autre***
Il y a ***une autre*** *difficulté.*	*Occupe-toi* ***de l'autre*** *affaire.*
Il y a ***d'autres*** *difficultés.*	*Occupe-toi* ***des autres*** *affaires.*
J'ai vu ***un autre*** *homme.*	*J'ai besoin* ***de l'autre*** *livre.*
J'ai vu ***d'autres*** *gens.*	*J'ai besoin* ***des autres*** *livres.*

Der Plural von *un autre/une autre* ist *d'autres*.
Der Plural von *de l'autre* ist *des autres*.

32 *avant / devant* („vor")

zeitlich	**örtlich**
avant Noël	*devant la porte*
avant minuit	*devant l'hôtel*
avant le départ	*devant la gare*

Aber Deutsch

vor Weihnachten	**vor** der Tür

avant (= vor) ist **zeitlich**; *devant* (= vor) ist **örtlich**.

33 *avant / avant que*

Präposition	**Konjunktion**
avant *le départ*	***Avant qu'****il* ***soit*** *parti …*
avant *la fin*	***Avant qu'****il* ***ait*** *fini …*

Aber Englisch

before the departure	**Before** he left …
before the end	**Before** it is finished …

avant ist eine **Präposition**.
avant que ist eine **Konjunktion** und leitet immer einen Nebensatz ein.
Nach *avant que* steht immer der Subjonctif.
Zusatzhinweis: Zwischen *avant* und dem Infinitiv steht *de: avant de partir*.

→ weitere Präpositionen / Konjunktionen (Kap. 21, 62, 92, 111)

Test 31

Complétez:

1. *J'ai vu une autre Porsche. Puis j'ai vu ______ autres Porsches.*
2. *Je me souviens de l'autre voyage à la Martinique. Mon père se souvient aussi ______ autres voyages à la Martinique.*

Test 32

Ajoutez «avant» ou «devant»:

1. *Où est le bureau de poste? __________________ la mairie?*
2. *Non, le bureau de poste est juste __________________ l'église.*
3. *Philippe et Sandrine ont fixé l'heure de leur rendez-vous.*

   Philippe est arrivé __________________ Sandrine.

Bords de mer

■ MANCHE. Beau temps après la disparition avant 10 heures de quelques brumes matinales.

Test 33

Ajoutez «avant» ou «avant que»:

1. *Je l'ai vu ______________________ le dîner.*
2. *Il est rentré ______________________ midi.*
3. *Il est rentré ______________________ il pleuve.*
4. *Viens vite ______________________ il soit trop tard.*
5. *préparer tout ______________________ l'arrivée des invités*
6. *préparer tout ______________________ les invités arrivent*

avoir / être

34 *avoir / être: avoir* in zusammengesetzten Zeiten („sein“)

		Aber Deutsch
courir:	*il **a** couru*	er **ist** gelaufen
décoller:	*il **a** décollé*	er **ist** gestartet
dérailler:	*le train **a** déraillé*	der Zug **ist** entgleist
être:	*il **a** été*	er **ist** gewesen
fuir:	*il **a** fui*	er **ist** geflüchtet
grandir:	*il **a** grandi*	er **ist** größer geworden
grimper:	*il **a** grimpé*	er **ist** geklettert
grossir:	*il **a** grossi*	er **ist** dicker geworden
maigrir:	*il **a** maigri*	er **ist** abgemagert
marcher:	*il **a** marché*	er **ist** marschiert
nager:	*il **a** nagé*	er **ist** geschwommen
pâlir:	*il **a** pâli*	er **ist** blass geworden
plonger:	*il **a** plongé*	er **ist** getaucht
rougir:	*il **a** rougi*	er **ist** rot geworden
sauter:	*il **a** sauté*	er **ist** gesprungen
suivre:	*il **a** suivi*	er **ist** gefolgt
voler:	*il **a** volé*	er **ist** geflogen
voyager:	*il **a** voyagé*	er **ist** gereist
etc.	*etc.*	etc.

Diese französischen Verben bilden die zusammengesetzten Zeiten mit *avoir*.
Ihre deutschen Übersetzungen aber bilden diese mit „sein“.

Test 34

Complétez avec le verbe au passé composé:

1. *Mon frère* _____________ *en Espagne. (être)*

2. *Il* ___________________ *toute la journée. (nager)*

3. *Il* ___________________. *(plonger)*

4. *Il* ___________________ *avec ma tante. (voyager)*

5. *J'*_________________________ *mon frère et ma tante à l'aéroport. (accompagner)*

6. *L'avion* _________________________ *à 2 heures. (décoller)*

7. *L'avion* ___________________ *à l'heure. (arriver)*

35 *avoir / être: être* in zusammengesetzten Zeiten („sein“)

aller, venir,	⟶	*je suis venu*
arriver, partir, retourner,	⟶	*tu es arrivé*
entrer, sortir, demeurer, rester,	⟶	*il est entré*
monter, descendre, tomber,	⟶	*nous sommes montés*
naître, mourir	⟶	*vous êtes nés*

Lerne diese **14 Verben**, die die zusammengesetzten Zeiten mit ***être*** bilden.

ϟ **Achtung Ausnahme:**

*J'**ai** sorti **la voiture** du garage.*

*Il **a** monté **la vieille chaise** au grenier.*

Wenn diese Verben ein **direktes Objekt** bei sich haben, bilden sie die zusammengesetzten Zeiten mit ***avoir***.

? *retourner:* zurückkehren; *demeurer:* bleiben; *naître:* geboren werden; *grenier:* Dachboden.

36 *avoir / être: être* bei reflexiven Verben

	Aber Deutsch
*Elle **s'est** bien amusée.*	Sie **hat sich** gut amüsiert.
*Nous **nous sommes** ennuyés.*	Wir **haben uns** gelangweilt.
*Tu **t'es** trompé.*	Du **hast dich** geirrt.

Alle reflexiven Verben bilden im Französischen die zusammengesetzten Zeiten mit ***être***.

Im Französischen steht das Reflexivpronomen vor der konjugierten Verbform.

Test 35

Complétez:

1. *Mme Dubois ______ sorti sa Renault du garage.*
2. *Elle ______ arrivée au centre commercial; une demi-heure après, elle en ______ repartie.*
3. *Elle ______ monté un grand sac dans sa voiture.*
4. *Elle ______ retournée à la maison.*
5. *Quand elle ______ entrée dans la maison, elle s'est aperçue qu'elle avait oublié un cadeau pour son mari qui ______ né le 18 mai.*

Le petit Jacques:
– C'est vrai, maman, que je suis né à minuit?
– Oui, mon chéri.
– J'espère que je ne t'ai pas réveillée…

? *né:* geboren; *réveiller:* aufwecken.

Test 36

Traduisez:

1. Sie hat sich informiert.

____

2. Sie hat sich geärgert. *(se fâcher)*

____

Dans un grand magasin: M. Duval y était entré avec sa femme, mais, dans la foule, ils se sont perdus. Il s'adresse à une vendeuse:

– Pardon, mademoiselle, pourriez-vous me dire où je dois m'adresser? Je viens de perdre ma femme.

– Quatrième étage. Tout pour le deuil.

3. Mme Dubois ist in der Stadt spazieren gegangen.

____

4. Das Auto ist stehen geblieben. *(s'arrêter)*

____

? *grand magasin:* Kaufhaus; *foule:* Menschenmenge; *vendeuse:* Verkäuferin; *perdre:* verlieren; *deuil:* Trauer.

37 *avoir / être*: zusammengesetzte Zeiten von *être*

	Ebenso Englisch	Aber Deutsch
*il **a** été*	he **has** been	er **ist** gewesen
*ils **ont** été*	they **have** been	sie **sind** gewesen

> *être* bildet die zusammengesetzten Zeiten mit *avoir*.

38 *avoir besoin de*

	Aber Deutsch
*J'**ai besoin** d'argent.*	Ich **brauche** Geld.
*Elle **a besoin de** ce livre.*	Sie **braucht** dieses Buch.

Aber Englisch

I **need** money.

She **needs** this book.

> „brauchen" ist ins Französische mit **drei Wörtern** zu übersetzen: *avoir besoin de.*

39 *avoir raison / avoir le droit*

„recht haben"	„das Recht haben"
*Oui, oui, tu **as raison**.*	*avoir **le droit** de faire qc*
*Elle **a raison**, bien sûr.*	*J'ai **droit** à une gratification.*

> Unterscheide
>
> *avoir raison* — recht haben
> *avoir (le) droit* — das Recht haben

? *gratification:* Sondervergütung.

Test 37

Complétez:

1. – *Pendant les vacances, j'_______ été sur la Côte d'Azur.*

2. – *Tu _______ été content?*

3. – *Oui, mais mon amie _______ malade pendant trois jours.*

4. *Nous _______ obligés de rentrer plus tôt.*

● La conductrice d'une automobile et les quatre enfants, âgés de 5 à 12 ans, qu'elle transportait, ont été tués, lundi après-midi à Annemasse (Haute-Savoie), après que leur véhicule eut eté percuté à un carrefour par un poids lourd.
La voiture a été écrasée entre l'avant du camion et un panneau de signalisation.

? *conductrice:* Fahrerin; *percuter:* aufschlagen; *poids lourd:* Lkw; *écraser:* zerquetschen; *camion:* Lastkraftwagen; *panneau:* Schild.

Test 38

Complétez:

1. *Tu __________________________ ce livre?*

2. *Non, je n'_______ pas _____________________ ce livre.*

3. *Pour acheter une moto, Frédéric __________________________ beaucoup d'argent.*

4. *Pour traduire ce texte difficile, j'__________________________ un bon dictionnaire.*

5. *Isabelle est fatiguée, elle __________________________ dormir.*

? *fatigué:* müde.

Test 39

Ajoutez «raison» ou «le droit»:

1. *Sandrine ne se trompe pas, elle a _______________.*

2. *Tu as _______________ de protester, parce que moi, je ne suis pas d'accord non plus.*

3. *On n'a pas _______________ de stationner devant l'hôtel.*

? *se tromper:* sich täuschen; *stationner:* parken.

40 *beaucoup*

	Aber Deutsch
Mon oncle travaille ✘ *beaucoup.*	Mein Onkel arbeitet **sehr** viel.
Il a ✘ *beaucoup d'argent.*	Er hat **sehr** viel Geld.

> Das Adverb *beaucoup* kann nicht durch andere Adverbien (z. B. *très*) ergänzt werden.

41 *-ç-* oder *-c-* (= Aussprache [s])

-ce-, -ci-: [se], [si]	***-ça-, -ço-, -çu-:*** [sa], [sɔ], [sy]
certain	*français*
la réception	*c'est ça*
ici	*le garçon*
merci	*la façon*
	il a reçu
	un aperçu

> „c" vor ***e, i*** wird [s] gesprochen.
>
> Wenn „c" vor ***a, o, u*** wie [s] gesprochen wird, muss es **-ç-** geschrieben werden.
>
> – oder umgekehrt:
>
> Die Schreibweise **-ç-** bedeutet, dass „c" vor ***a, o, u*** wie [s] ausgesprochen wird.

→ ***-ge-*** (Kap. 83), ***-gu-*** (Kap. 87)

Test 40

Traduisez les mots allemands:

1. *Sandrine est* ______________________ (sehr viel) *plus jeune que son ami.*

2. *Alain lit* ______________________ (sehr viel).

3. *Il s'est produit* ______________________ (sehr viele) *d'accidents à ce carrefour.*

Il mange beaucoup.

? *carrefour:* Kreuzung.

Test 41

Complétez **-c-** / **-ç-**:

1. *aimer la langue fran___aise*

2. *J'ai aper___u un ami dans la rue.*

3. *prendre des le___ons de danse*

4. *danser avec Fran___oise*

5. *mer___i beaucoup, madame*

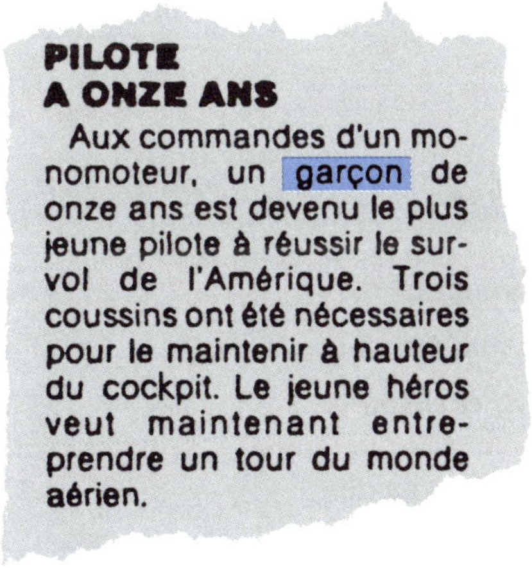

PILOTE A ONZE ANS

Aux commandes d'un monomoteur, un garçon de onze ans est devenu le plus jeune pilote à réussir le survol de l'Amérique. Trois coussins ont été nécessaires pour le maintenir à hauteur du cockpit. Le jeune héros veut maintenant entreprendre un tour du monde aérien.

? *commandes:* Schalthebel; *réussir:* Erfolg haben; *survol:* Überfliegen; *coussin:* Kissen; *maintenir:* halten; *aérien:* in der Luft.

42 -ç- oder -c- in Verbformen

Präsens	Imperfekt	Infinitiv
*je commen**ce***	*je commen**çais***	*commen**cer***
*tu commen**ces***	*tu commen**çais***	**Partizip Präsens**
*il commen**ce***	*il commen**çait***	*commen**çant***
*nous commen**çons***	*nous commen**cions***	**Passé simple**
*vous commen**cez***	*vous commen**ciez***	*je commen**çai***
*ils commen**cent***	*ils commen**çaient***	

Ebenso: *annoncer* (ankündigen), *avancer* (vorrücken), *s'efforcer* (sich bemühen), *exercer* (üben), *forcer* (zwingen), *menacer* (drohen), *prononcer* (aussprechen), *remplacer* (ersetzen) …

> Das **-c-** wird in allen Formen dieser Verben [s] gesprochen.
>
> Vor Endungen, die mit *a* oder *o* beginnen, wird daher **-ç-** geschrieben.

→ *recevoir* (Kap. 148)

→ weitere Verben auf **-er** mit Besonderheiten (Kap. 4, 69, 73, 84, 96, 110, 184)

43 *caractère*

	Aber Deutsch	Aber Englisch
*le **c**aractère*	der **Ch**arakter	the **ch**aracter

> *caractère* wird vorn nur mit **c-** geschrieben.

44 *ce / se*

„dies/dieses"	„sich"
***Ce** sont mes amis.*	*Le soleil **se** couche.*
*dans **ce** chapitre*	*Le texte **se** compose de deux parties.*

> Unterscheide
>
> *ce* dies, dieses
> *se* sich

→ *ces / ses* (Kap. 45)

Test 42

Ajoutez les formes du verbe «commencer»:

1. *Présent:* *je* ____________________, *nous* ____________________, *ils* ____________________

2. *Imparfait: je* ____________________, *nous* ____________________, *ils* ____________________

3. *Nous commen___ons la visite de la ville par le château.*

4. *Les repas commen___aient par des hors-d'œuvres variés.*

? *repas:* Essen; *hors-d'œuvre:* Vorspeise.

Test 43

Complétez:

1. *analyser le ___aractère de ce personnage du roman*

2. *Voici un trait ___aractéristique de ce personnage.*

3. *Il a un bon ___aractère.*

Test 44

Ajoutez «ce» ou «se»:

1. *Elle* ______ *est réveillée* ______ *matin à six heures.*

2. ______ *chapitre* ______ *compose de deux parties.*

3. *J'ai lu* ______ *passage à la page vingt.*

4. *J'ai réfléchi à* ______ *qui* ______ *est passé.*

? *se réveiller:* aufwachen; *réfléchir:* nachdenken.

45 *ces / ses*

„diese“	**„seine, ihre“**
*Je comprends **ces** idées.*	*Il m'explique **ses** idées.*
*Je connais **ces** garçons.*	*Ce sont **ses** amis.*

Unterscheide

ces diese
ses seine, ihre

→ *ce/se* (Kap. 44)

46 *chaque / chacun / quelqu'un*

	Aber
*cha**que***	*cha**c**un*
*quel**qu**'un*	

Mit ***-qu-*** schreibt man *chaque* und *quelqu'un*.
Mit ***-c-*** schreibt man *chacun*.

47 *cher / bon marché*

*Les skis sont cher**s**.*	*Les skis sont bon marché✗.*
*La viande est ch**è**r**e**.*	*La viande est bon marché✗.*

Im Gegensatz zu *cher, chère* („teuer“) bleibt *bon marché* („billig“) immer unverändert.

Test 45

Ajoutez «ses» ou «ces»:

1. – *Où sont mes valises? demande M. Dubois. M. Dubois cherche* _______ *valises.*
2. – _______ *valises sont à vous, monsieur?*
3. *Mme Dubois n'a pas* _______ *clefs.*
4. *Elle cherche* _______ *clefs partout.*
5. *Son mari trouve des clefs.* – _______ *clefs sont à toi, Brigitte?*

? *valise:* Koffer; *clef:* Schlüssel.

Test 46

Complétez:

1. *cha*_______*un d'entre nous*
2. *cha*_______*e membre de la famille*
3. *Cha*_______*un le dit.*
4. *Quel*_______*un vous a demandé, monsieur?*
5. *À cha*_______*un ses idées.*

? *membre:* Mitglied; *morsure:* Biss; *vacciner:* impfen; *rage:* Tollwut; *préventivement:* vorbeugend; *réapparition:* Wiederauftreten.

> **500.000 personnes consultent chaque année un médecin à la suite d'une morsure de chien. Mais il faut multiplier ce chiffre par trois ou quatre pour obtenir le chiffre réel des morsures. 15.000 personnes, selon le professeur [illegible] se font chaque année vacciner contre la rage, préventivement (aucun cas de rage humaine n'ayant été constaté en France depuis 1968, date de la réapparition de la maladie dans notre pays).**

Test 47

	cher		*bon marché*
1. *Ces produits* (m pl) *sont*	____________	/	____________ .
2. *Ces marchandises* (f pl) *sont*	____________	/	____________ .
3. *Les pommes* (f pl) *de terre sont*	____________	/	____________ .
4. *La viande est*	____________	/	____________ .

48 *chez*

	Aber Deutsch
aller ***chez*** *le boulanger*	**zum** Bäcker gehen
aller ***chez*** *le médecin*	**zum** Arzt gehen
envoyer qn ***chez*** *le psychiatre*	**zum** Psychiater schicken

> „Zu jemandem gehen/fahren/kommen …" ist zu übersetzen: *aller/venir* ***chez*** *qn*. (↯ nicht ~~*à qn*~~)

49 *ciseaux, lunettes, mathématiques*

les *ciseaux (m)*	Schere
les *lunettes (f)*	Brille
les *mathematiques (f)*	Mathematik

Beachte:

deux paires de ciseaux	**zwei** Scheren
deux paires de lunettes	**zwei** Brillen

> Diese Nomen stehen im Französischen immer im Plural.

50 *comme / comment* („wie")

Vergleich	**Frage**
Il est riche ***comme*** *Crésus.*	***Comment*** *allez-vous?*
Il écrit ***comme*** *il parle.*	*Je lui demande* ***comment*** *il trouve la nouvelle voiture.*

Aber Deutsch

Er ist reich **wie** Krösus.	**Wie** geht es Ihnen?

> Unterscheide
>
> *Comme* heißt „wie" und steht im Vergleich.
> *Comment* heißt „wie" und leitet eine direkte oder indirekte Frage ein.

? *Crésus:* Krösus, der reichste Mann der Antike.

Test 48

Ajoutez «chez» ou «à»:

Mme Dubois dit:

1. *Je vais* ______________ *le coiffeur,* 2. ______________ *le boulanger,* 3. ______________ *le boucher et* 4. ______________ *le dentiste.* 5. *Je vais aussi* ______________ *la poste.*

6. *Ensuite je vais* ______________ *la voisine.*

Test 49

Traduisez:

1. die Schere suchen: ______________________________
2. eine Brille tragen: ______________________________
3. Mathematik studieren: ______________________________
4. zwei Brillen: ______________________________

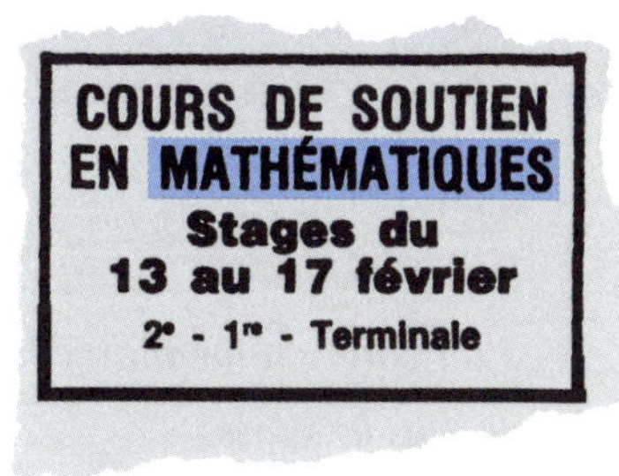

? *cours de soutien:* Nachhilfe; *stage:* Kurs; *2e, 1re, terminale (= seconde, première, terminale):* die drei letzten Klassen vor dem *baccalauréat.*

Test 50

Complétez:

1. *blanc* ______________________ *la neige*
2. *rapide* ______________________ *l'éclair*
3. ______________________ *écrit-on ce nom?*
4. *Je ne sais pas* ______________________ *on écrit ce nom.*
5. ______________________ *trouvez-vous ce roman?*

? *neige:* Schnee; *éclair:* Blitz; *orphelin:* Waisenkind.

51 *conduire / aller* („fahren“)

	Aber Deutsch
Il ***conduit*** *la Renault.*	Er **fährt** den Renault.
Elle ***va*** *avec lui.*	Sie **fährt** mit.

> Unterscheide
>
> „fahren“ (= Fahrer sein) *conduire*
> „fahren“ (= transportiert werden) *aller*

52 *côté / côte*

„Seite“	„Küste“
le côté *gauche de la maison*	***la Côte*** *d'Azur*
*d'****un côté*** *...d'un autre* ***côté***	*sur* ***la côte***
de tous les ***côtés***	***une côte*** *sableuse*

> Unterscheide
>
> *le côté* (männlich!) die Seite
> *la côte* (weiblich!) die Küste

? *sableux,-euse:* Sand-

53 *couleur / peinture* („Farbe“)

une photo en ***couleurs***	*un pot de* ***peinture***
une ***couleur*** *claire*	*Attention,* ***peinture*** *fraîche!*

Aber Deutsch

eine helle **Farbe**	Vorsicht, frische **Farbe**!

> Unterscheide
>
> „Farbe“ (Sinneseindruck) *la couleur*
> „Farbe“ (Substanz, Flüssigkeit) *la peinture*

Test 51

Ajoutez «aller» ou «conduire»:

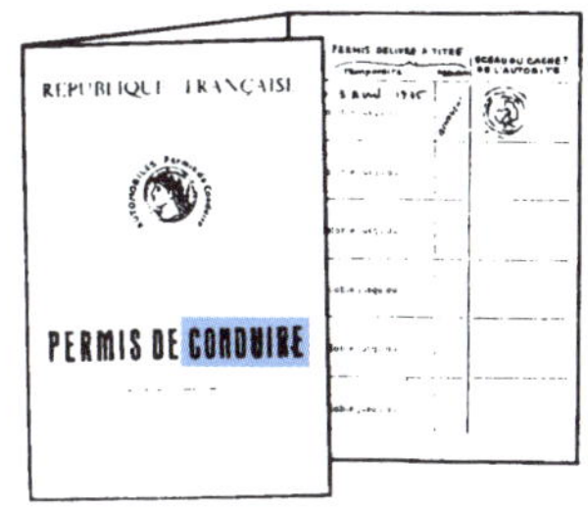

1. *Sandrine et moi, nous* ____________________ *en voiture à Paris.*

2. *Où* ____________________*-vous pendant les vacances?*

3. *Voici mon permis de* ____________________ .

4. *M. Duval* ____________________ *très prudemment.*

5. *Aujourd'hui il a trop bu, c'est donc sa femme qui*____________________ .

? *prudemment:* vorsichtig.

Test 52

Ajoutez «le côté» ou «la côte»:

1. *On peut entrer dans la maison par* ________________ *gauche.*

2. *passer ses vacances sur* ________________ *d'Azur*

3. *En Bretagne,* ________________ *est rocheuse.*

4. *Voici* ________________ *ensoleillé du jardin.*

5. *prendre la vie du bon* ________________

? *rocheux:* felsig; *ensoleillé:* sonnig; *stationnement:* Parken; *panneau:* Schild.

Test 53

Ajoutez «couleur» ou «peinture»:

1. *un tube de* ____________________ *verte*

2. *une robe de* ____________________ *rouge*

3. *des photos en* ____________________*s*

4. *La* ____________________ *commence à sécher.*

5. *acheter de la* ____________________ *à l'huile*

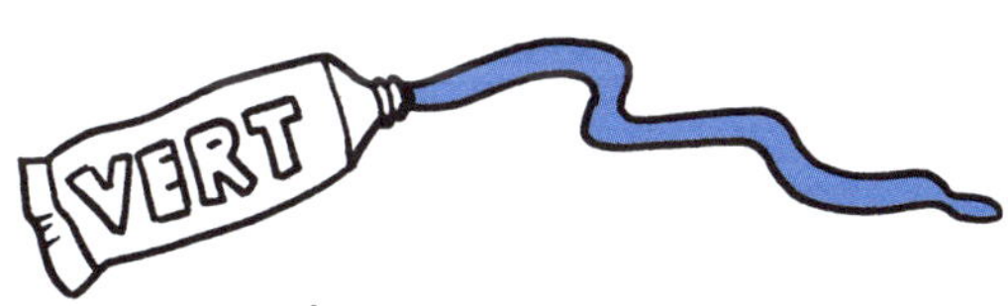

6. C'est de la ____________________

? *sécher:* trocknen.

54 *créer*

*Dieu **crée** la terre.*

*Dieu a **créé** la terre.*

*...la terre que Dieu a **créée**.*

Ebenso: *agréer* (akzeptieren)

> Der **Stamm** dieses Verbs ist ***cré-*** .
>
> Daran werden die üblichen **Endungen** der Verben auf ***-er*** angefügt.

? *créer:* (er)schaffen.

55 *de* („über")

*parler **de** qc*	⟶	**über** etwas sprechen
*s'entretenir **de** qc*	⟶	sich **über** etwas unterhalten
*informer qn **de** qc* / *prévenir qn **de** qc*	⟶	jemanden **über** etwas informieren
*rire **de** qc*	⟶	**über** etwas lachen
*se réjouir **de** qc*	⟶	sich **über** etwas freuen
*se moquer **de** qc*	⟶	sich **über** etwas lustig machen
*se plaindre **de** qc*	⟶	sich **über** etwas beklagen
*s'étonner **de** qc*	⟶	**über** etwas erstaunt sein

> Bei diesen Verben wird das **Objekt mit *de*** angeschlossen.
>
> (Bei den entsprechenden deutschen Verben steht „über".)

ϟ **Achtung** bei *discuter*!
Richtig ist: *discuter* ✗ *politique* / *discuter **de** politique* / *discuter **sur** un événement politique*

Test 54

Complétez:

1. *Ce romancier a cr_________ des personnages très vrais.*

2. *M. Dubois possède une usine que son grand-père a cr_________.*

3. *Cette collection de mode est cr_________ par un grand couturier parisien.*

4. *Le prix littéraire le plus célèbre est celui que Nobel a cr_________.*

? *romancier:* Romanschriftsteller; *vrai:* echt; *usine:* Fabrik; *couturier:* Modeschöpfer.

Test 55

Traduisez:

1. über Herrn Dubois sprechen ________________________________

2. Sie unterhalten sich über Pierre. ________________________________

3. sich über den Preis informieren ________________________________

4. Ich muss Onkel Jules über die Ankunftszeit informieren.

____

5. Sie hat über den Scherz gelacht. ________________________________

6. Ich freue mich über das gute Ergebnis.

____

7. Jeder macht sich über Alain und seine Dummheit lustig.

____

8. Er beklagt sich über die Ungerechtigkeit. ________________________________

9. Ich bin erstaunt über diesen freundlichen Brief.

____

? Ankunftszeit: *l'heure d'arrivée*; Scherz: *la plaisanterie;* Dummheit: *la bêtise.*

56 *décider à/de*

mit *de*	**mit *à***
Il décide ***de*** *partir.*	*Il* ***se*** *décide* ***à*** *partir.*
Il décide ***de*** *continuer*	*Il* ***se*** *décide* ***à*** *continuer*
	Il ***est*** *décidé* ***à*** *partir*
	Il ***est*** *décidé* ***à*** *continuer*

Unterscheide

décider ***de*** *faire qc*
se *décider* ***à*** *faire qc*
être *décidé* ***à*** *faire qc*

57 *demander à qn*

	Aber Deutsch
Je ***lui*** *demande.*	Ich frage **ihn**.
Je ***leur*** *demande.*	Ich frage **sie**.
Je demande ***à*** *mon père.*	Ich frage meine**n** Vater.
Je demande ***au*** *professeur.*	Ich frage **den** Lehrer.

Beachte: *demander* ***à*** *qn.*

(Im Deutschen wird „fragen“ mit einem Akkusativobjekt verbunden.)

Test 56

Ajoutez «de» ou «à»:

1. *Tu t'es décidé _______ rester ici?*

2. *Non, je me suis décidé _______ participer à l'excursion.*

3. *Je suis décidé _______ venir avec toi.*

4. *J'ai décidé _______ tenter ma chance.*

? *tenter:* versuchen.

Test 57

Complétez:

1. *J'ai demandé ce livre _______ libraire.*

2. *Je _______ ai demandé ce livre.*

3. *Frédéric a demandé conseil _______ son ami.*

4. *Il _______ a demandé conseil. (à son ami)*

5. *Alain a demandé _______ Sandrine et _______ Isabelle de venir à la fête du village.*

6. *Il _______ a demandé de venir à la fête.*

? *libraire:* Buchhändler; *conseil:* Rat.

Demonstrativpronomen

58 Demonstrativpronomen: *ce / il / cela* („es“ / „das“)

ce	*il*	*cela*
C'*est vrai.*	*a)* ***Il*** *est vrai que la critique est facile.*	***Cela*** *ne fait rien.*
C'*est facile.*	***Il*** *est facile de critiquer.*	***Cela*** *m'amuse.*
	b) ***il*** *faut …*	
	il *semble …*	
	il *pleut …*	

> Unterscheide
>
> *ce* (= es/das) steht vor einer Form von *être*.
>
> *il* (= es) steht
>
> a) vor *être* + Adjektiv, wenn ein *que*-Satz oder ein Infinitiv folgen
>
> b) vor unpersönlichen Verben wie *il faut …*, *il semble …*
>
> *cela* steht sonst für „es“/„das“.

59 Demonstrativpronomen: *ce / c'est*

„dieser“, „diese“	**„es/das ist“**
ce *garçon*	***C'est*** *un garçon.*
ce *malheur*	***C'est*** *un malheur.*
cet *arbre*	***C'est*** *un arbre.*
cette *faute*	***C'est*** *une faute.*
cet *illustre personnage*	***C'est*** *un illustre personnage.*

> Unterscheide
>
> *ce, cet, cette, ces* dieser, diese
> *c'est* es/das ist

Test 58

Ajoutez «ce», «il» ou «cela»:

> **Lion** du 23 7 au 23 8
>
> Acceptez les nouvelles responsabilités que l'on vous offre dans votre travail, même si cela ne vous rapporte rien financièrement parlant. Votre prestige en sera grandi.

1. ________ *fait nuit.*
2. ________ *pleut depuis une heure.*
3. ________ *me reste encore du temps libre.*
4. ________ *ne me plaît pas.*
5. ________ *me laisse indifférent.*
6. ________ *est trop difficile pour moi.*
7. ________ *est possible.*
8. 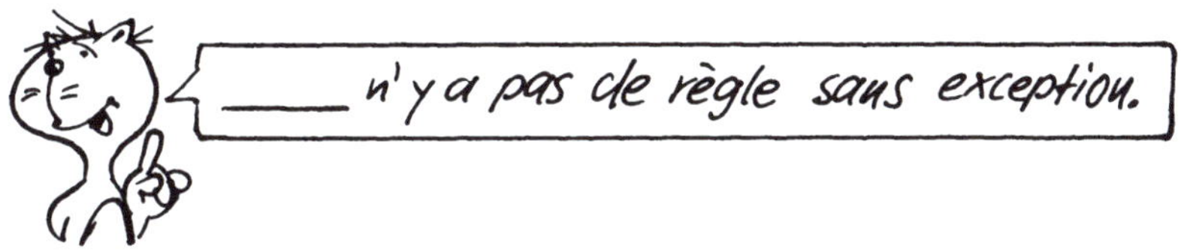

> **RESTER des heures et des heures au soleil – côté pile et côté face pour se faire dorer comme une sole – d'abord c'est très mauvais pour la peau, ensuite ce n'est pas très motivant pour l'intellect !**

? *indifférent:* gleichgültig; *exception:* Ausnahme; *côté pile et côté face:* Rückseite und Vorderseite; *dorer:* goldbraun werden; *sole:* Seezunge; *peau:* Haut.

Test 59

Ajoutez «ce», «cet», «cette», «c'est»:

1. ________ *ami* 2. ________ *camarade de classe* 3. ________ *ancien camarade de classe* 4. ________ *enfant* 5. ________ *un enfant de dix ans.* 6. *corriger* ________ *erreur* 7. ________ *une erreur.* 8. ________ *un texte qui est difficile à comprendre.*

9. ________ *une faute qui n'est pas très grave.*

SNCF C'EST POSSIBLE!

60 Demonstrativpronomen: *celui(-ci)*

Voici des romans:	**Aber**
*Celui-**ci** est intéressant.*	*a) Je prends **celui** ✗ qui est intéressant.*
*J'ai lu celui-**ci**.*	***Celui** ✗ que j'ai lu est intéressant.*
*Celui-**ci** est de Balzac.*	*b) J'ai lu **celui** ✗ de Balzac.*

> *Celui, celle, ceux, celles* werden **ohne *-ci*** gebraucht
> a) vor einem **Relativsatz**,
> b) vor einer **Ergänzung mit *de***.

? *Honoré de Balzac:* französischer Schriftsteller.

61 Demonstrativpronomen: *ces*

***ce** garçon*	***ces** garçons*
***cet** homme*	***ces** hommes*
***cette** femme*	***ces** femmes*
***cette** voiture*	***ces** voitures*

> Von *ce, cet, cette* gibt es nur eine Pluralform: *ces*.

Test 60

Complétez:

1. *Je cherche une cravate:* ___________________ *est très jolie.*
2. *Que dis-tu? Je préfère* ___________________ .
3. *Elle ressemble à* ___________________ *de mon père.*
4. *Tu cherches un nouvel appartement? Oui,* ___________________ *que j'ai maintenant est trop petit.*
5. *As-tu vu* ___________________ *de M. Dubois?* ___________________ *est magnifique et pas très cher.*

? *souris:* Maus; *gras:* fett.

Test 61

Ajoutez l'adjectif démonstratif:

1. ______________ *dame* ______________ *dames*
2. ______________ *visiteur* ______________ *visiteurs*
3. ______________ *touriste* ______________ *touristes*
4. ______________ *ami* ______________ *amis*
5. ______________ *question* ______________ *questions*
6. ______________ *chat* ______________ *chats*

62 *depuis / depuis que*

Präposition

depuis *notre arrivée*

depuis *son mariage*

Konjunktion

Depuis que *nous sommes arrivés …*

Depuis qu'*elle est mariée …*

Aber Englisch

since our arrival

Since we have arrived …

> *depuis* ist eine **Präposition**.
>
> *depuis que* ist eine **Konjunktion** und leitet immer einen Nebensatz ein.

→ weitere Präpositionen/Konjunktionen (Kap. 21, 33, 92, 111)

63 *des / dès*

acheter ***des*** *livres*

inviter ***des*** *amis*

dès *le XVIIIe siècle*

Ils se connaissent ***dès*** *la fin de la guerre.*

> *des* drückt eine unbestimmte Anzahl aus (Plural des unbestimmten Artikels).
>
> *dès* ist eine Präposition und bedeutet „von … an".

64 *désirer / souhaiter* („wünschen")

„sich etwas wünschen"

Que ***désirez****-vous?*

Je ***désire*** *un studio confortable.*

„anderen etwas wünschen"

Je ***souhaite*** *que vous réussissiez.*

Je vous ***souhaite*** *un bon voyage.*

Aber Deutsch

Was **wünschen** Sie?

Ich **wünsche** Ihnen eine gute Reise.

> Unterscheide
>
> *désirer* sich selbst etwas wünschen
> *souhaiter* anderen etwas wünschen

? *studio:* Appartement.

Test 62

Ajoutez «depuis» ou «depuis que»:

1. *Le vent souffle* ____________________ *deux jours.*

2. *Il pleut* ____________________ *ce matin.*

3. *Il pleut* ____________________ *nous sommes arrivés.*

4. ____________________ *cet accident, mon père est infirme.*

5. ____________________ *il a eu cet accident, il n'a plus voulu conduire.*

« Si la sécheresse persiste, le pire est à craindre. » Le quartier général de la lutte anti-incendie pour le sud de la France affichait, hier, son pessimisme. Plus de 1 000 hectares de forêt et de broussailles ont été dévastés dans le Midi depuis vendredi dernier.

? *sécheresse:* Trockenheit; *persister:* anhalten; *lutte:* Kampf; *incendie:* Brand; *afficher:* zeigen; *broussaille:* Buschwerk; *dévasté:* verwüstet; *souffler:* wehen; *infirme:* gebrechlich, behindert.

Test 63

Ajoutez «des» ou «dès»:

1. __________ *le jour où il a appris ce malheur, il a* __________ *soucis.*

2. *Je serai à Paris* __________ *le 15 mai.*

3. *J'y serai avec* __________ *amis.*

? *soucis:* Sorgen.

Test 64

Ajoutez «désirer» ou «souhaiter»:

1. *– Bonjour, madame, que* ____________________*-vous?*

2. *– Je* ____________________ *un kilo de bananes.*

3. *– Vous* ____________________ *encore quelque chose?*

   – Non, je pars demain en vacances.

4. *– Eh bien, je vous* ____________________ *un bon voyage.*

– Je désire des petites bougies pour le gâteau d'anniversaire de ma femme.
– Je vous en donne combien?
– Trente, comme d'habitude.

? *bougie:* Kerze; *anniversaire:* Geburtstag; *comme d'habitude:* wie üblich.

65 Direkte Rede

Un touriste demande à un paysan:

– *Y a-t-il beaucoup de grands hommes qui sont nés dans votre village?*

Le paysan lui répond:

– *Chez nous, on ne voit naître que des petits enfants.*

> Ein Gedankenstrich *(le tiret)* am Anfang der Zeile weist auf die direkte Rede hin.

? *né:* geboren.

66 *-é / -ez / -er* (= Aussprache [e])

il est tombé	*vous tombez*	*il ne faut pas tomber*
j'ai parlé	*vous parlez*	*sans parler*

> Unterscheide
>
> Das **Partizip Perfekt** der Verben auf ***-er*** hat die Endung ***-é***.
>
> Die **2. Person Plural Präsens** hat die Endung ***-ez***.
>
> Der **Infinitiv** dieser Verben hat die Endung ***-er***.
>
> Alle werden [e] gesprochen!

67 *écouter / entendre* („hören“)

„hören“	**„aufmerksam hinhören“**
entendre *un bruit*	***écouter*** *les informations*
entendre *tout à coup des cris*	***écouter*** *un opéra de Mozart*

> Unterscheide
>
> *entendre* hören
> *écouter* aufmerksam hinhören/zuhören

Test 65

Mettez les tirets:

1. *Maman demande:*

   Quand seras-tu de retour?

2. *Isabelle répond:*

   Avant minuit, maman.

3. *Très bien, je vais t'attendre, dit sa mère.*

> Pierre lit le journal à son grand-père.
> – D'après les statistiques, à New York, un homme se fait tuer par un accident tous les quarts d'heure.
> Grand-père:
> – Le pauvre homme. Et il n'est pas encore mort?

? *tiret:* Gedankenstrich.

Test 66

Complétez les phrases avec le verbe «danser»:

1. *Voulez-vous* ______________________?

2. *Vous* ______________________ *très bien, mademoiselle.*

3. *J'aime* ______________________ *la valse.*

4. *Elle a* ______________________ *toute la soirée.*

5. *J'ai* ______________________ *avec Isabelle.*

? *valse:* Walzer.

Test 67

Complétez:

1. *Alain* ____________________ *mal de l'oreille gauche.* 2. *Tu n'as pas* ____________________ *la sonnette d'alarme?* 3. *C'est un plaisir d'*____________________ *cette musique.*

4. ____________________ *le discours du président de la République*

? *se sauver:* weglaufen.

68 *eh / et*

***eh** bien!*	*toi **et** moi*
***eh** quoi?*	***et** vous*

> Unterscheide
>
> *eh* ist ein Ausruf.
> *et* bedeutet „und“.

→ *et/est* (Kap. 74)

69 *employer* und andere Verben auf *-oyer* und *-uyer*

Präsens	**Futur**	**Konditional**
*j'emplo**i**e*	*j'emplo**i**erai*	*j'emplo**i**erais*
*tu emplo**i**es*	*tu emplo**i**eras*	*tu emplo**i**erais*
*il emplo**i**e*	*il emplo**i**era*	*il emplo**i**erait*
*nous emplo**y**ons*	*nous emplo**i**erons*	*nous emplo**i**erions*
*vous emplo**y**ez*	*vous emplo**i**erez*	*vous emplo**i**eriez*
*ils emplo**i**ent*	*ils emplo**i**eront*	*ils emplo**i**eraient*

Ebenso: *aboyer* (bellen), *appuyer* (stützen), *ennuyer* (langweilen), *essuyer* (abwischen), *nettoyer* (sauber machen) …

> Bei diesen Verben steht ***-i-*** im Präsens (außer 1./2. Person Plural), im Futur, im Konditional.

Ebenso: Präsens von *envoyer* (schicken), aber Futur: ϟ *il enverra* (→ Tabelle S. 80)

Achtung: Bei den Verben auf ***-ayer*** sind in allen Formen ***-i-*** und ***-y-*** richtig!

→ *payer* (Kap. 110)

→ weitere Verben auf ***-er*** mit Besonderheiten (Kap. 4, 42, 73, 84, 96, 110, 184)

Test 68

Complétez:

– Tout le monde est là?

1. – _______ *bien, on peut commencer.*

2. – _______*! attendez un peu.*

3. – *Sandrine* _______ *Isabelle manquent encore.*

4. – _______ *bien, attendons encore quelques minutes.*

– Qu'est-ce que tu as fait dimanche?
– Eh bien, ma femme voulait aller au cinéma et moi à la campagne…
– Et qu'est-ce que tu as vu comme film?

? *manquer:* fehlen.

Test 69

Ajoutez les formes du verbe «employer»:

1. *Présent:*

*j'*_______________, *nous* _______________, *ils* _______________

2. *Futur:*

*j'*_______________, *nous* _______________, *ils* _______________

3. *Conditionnel: il* _______________

4. *Les Dubois* _______________ *une femme de ménage.*

5. *Cette entreprise* _______________ *de la main-d'œuvre étrangère.*

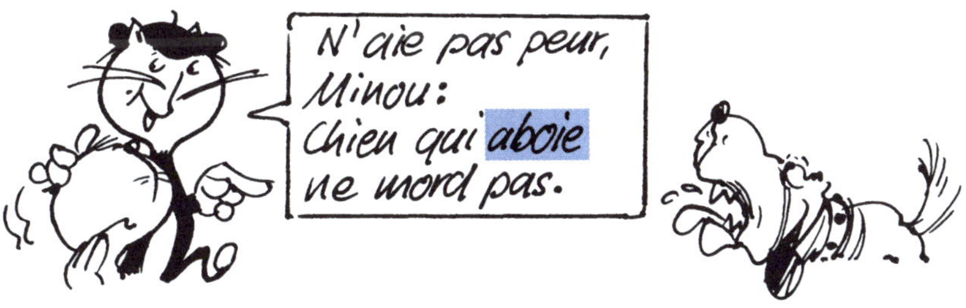

entreprise: Unternehmen; *main-d'œuvre:* Arbeitskräfte; *aboyer:* bellen; *mordre:* beißen.

70 *employer / user*

„benutzen"	**„abnutzen"**	**Aber Englisch**
***employer** un mot*	***user** ses vêtements*	to **use** a word
***employer** du béton*	***user** sa santé*	

Unterscheide

employer benutzen
user abnutzen

71 *ensemble*

*Elles travaillent **ensemble**✗.*

*Les enfants jouent **ensemble**✗.*

Aber

*les grands ensemble**s*** (Nomen) = Wohnblocks

Das Adverb *ensemble* wird nicht verändert, bekommt also kein Plural ***-s***.

72 *entrer dans, sortir de*

*Il entre **dans** la salle.*

Aber Deutsch

Er betritt ✗ den Raum.

Aber Englisch

He enters ✗ the room.

*Il sort **de** la salle.*

Aber Deutsch

Er verlässt ✗ den Raum.

Aber Englisch

He leaves ✗ the room.

Beachte

*entrer **dans** qc*
*sortir **de** qc*

Test 70

Ajoutez «employer» ou «user»:

1. *Il ne faut pas* ______________________________ *ce mot vulgaire.*

2. *M. Duval a* ______________________________ *son veston aux coudes.*

3. *Il faut bien* ______________________________ *son temps.*

4. *Cette expression ne s'*______________________________ *plus.*

? *veston:* Jacke; *coude:* Ellenbogen.

Test 71

Ajoutez «ensemble»:

1. *Nous allons* ______________________________ *au restaurant.*

2. *Nous y avons déjeuné tous* ______________________________ .

3. 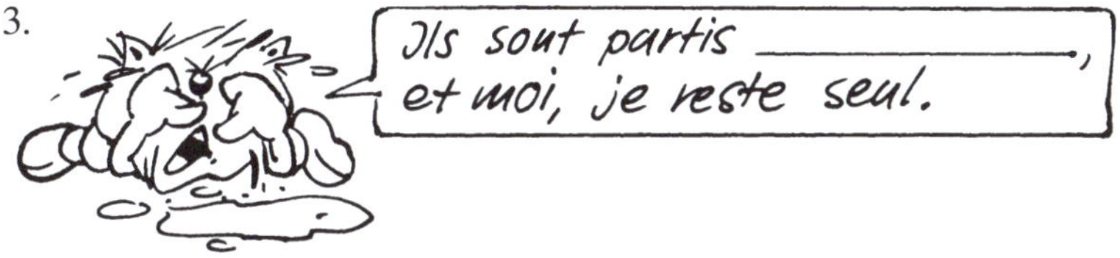

Test 72

Complétez:

1. *Des visiteurs entrent* ______________________ *musée.*

2. *D' autres visiteurs sortent* ______________________ *musée.*

3. *Vers quatre heures, les élèves sortent*

   ______________________ *école.*

4. *Un grand bateau entre* ______________________ *port.*

? *port:* Hafen; *souris:* Maus; *trou:* Loch.

73 *espérer* und andere Verben mit *-é- / -è-*

Präsens	**Futur**	
j'espère	*j'espérerai*	[ɛ]
tu espères	*tu espéreras …*	[ɛ]
il espère		
nous espérons	**Konditional**	
vous espérez	*j'espérerais*	[ɛ]
ils espèrent	*tu espérerais …*	[ɛ]

Ebenso: *céder* (nachgeben), *compléter* (vervollständigen), *énumérer* (aufzählen), *exagérer* (übertreiben), *s'inquiéter* (sich beunruhigen), *pénétrer* (eindringen), *posséder* (besitzen), *préférer* (vorziehen), *répéter* (wiederholen) …

> Bei diesen Verben steht **-è-** im Präsens (außer 1./2. Person Plural).
>
> Im Futur und im Konditional wird **-é-** geschrieben, aber [ɛ] gesprochen.

→ weitere Verben auf **-er** mit Besonderheiten (Kap. 4, 42, 69, 84, 96, 110, 184)

74 *et / est*

et	*est*
*lui **et** moi*	*Il **est** mon ami.*
*le père **et** son fils*	*Le père **est** fâché.*

> Unterscheide
>
> *et* [e] und
> (Achtung: keine Bindung vor Vokal und stummem *h*!)
>
> *est* [ɛ] ist

→ *eh/et* (Kap. 68)

? *fâché:* ärgerlich.

Test 73

Complétez:

1. *Présent: j'esp___re, nous esp___rons, ils esp___rent*

2. *Futur: j'esp___rerai, nous esp___rerons, ils esp___reront*

3. *Conditionnel: il esp___rerait*

4. *Il esp___re encore.*

5. *Il faut l'esp___rer.*

6. *Nous esp___rons vous voir à la fête.*

7. *Elle esp___re en l'avenir.*

En France, plus d'un million de personnes possèdent un aquarium. Et le chiffre serait plus important si beaucoup n'étaient retenus par la peur de la difficulté !

Le chat se lèche le museau.

Cédez le passage à l'intersection. Signal de position.

? *se lécher:* sich lecken; *museau:* Maul; *intersection:* Kreuzung; *retenir:* zurückhalten.

Test 74

Ajoutez «et» ou «est»:

1. *parler lentement* __________ *distinctement*

2. *M. Dubois* __________ *Français.*

3. *lui* __________ *les autres*

4. *M. Dubois vient avec sa fille* __________ *son fils.*

5. *les frères* __________ *les sœurs*

Un jeune homme est avec sa fiancée au restaurant:
– Sais-tu la différence entre un homard grillé et un steak-frites?
– Non.
– Parfait! Garçon, deux steaks-frites!

? *distinctement:* deutlich; *fiancée:* Verlobte; *homard:* Hummer; *garçon:* Herr Ober.

75 *étrange / étranger*

„seltsam"	**„ausländisch"**
entendre des bruits ***étranges***	*des touristes* ***étrangers***
un regard ***étrange***	*une langue* ***étrangère***

Unterscheide

étrange seltsam
étranger ausländisch

76 *exemple*

	Vergleiche Deutsch	**Vergleiche Lateinisch**	**Aber Englisch**
exemple	Ex**e**mpel	ex**e**mplum	ex**a**mple

exemple wird mit ***-e-*** geschrieben.

77 *foi / foie / fois* (= Aussprache [fwa])

„Glaube"	**„Leber"**	**„Mal"**
la bonne ***foi***	*manger du* ***foie*** *de veau*	*une* ***fois****, deux* ***fois***
la confession de ***foi***	*le pâté de* ***foie***	*plusieurs* ***fois***

Unterscheide

la foi der Glaube
le foie die Leber
la fois das Mal

? *confession de foi:* Glaubensbekenntnis; *veau:* Kalb.

Test 75

Complétez «étrange» ou «étranger»:

1. *Cette nuit, j'ai entendu un bruit* ________________ .

2. *A la frontière attendent les camions* ________________ *s.*

3. *apprendre une langue* ________________

4. *Tout le monde m'a regardé d'un air* ________________ .

Test 76

Complétez:

1. *Voici un ex___mple.*

2. *Donner un bon ex___mple.*

3. *par ex___mple*

4. *Vous voulez encore un autre ex___mple?*

Test 77

Ajoutez «foi», «foie», «fois»:

1. *aller une ou deux* ____________ *par mois au restaurant*

2. *la dernière* ____________ 3. *Il ne faut pas parler tous à la* ____________ .

4. *manger du* ____________ *gras*

5. *Il n'y a que la* ____________ *qui sauve.*

6. *être sans* ____________ *ni loi (= n'avoir aucune morale)*

Fragesätze

78 Fragesätze: Bindestrich bei Inversionsfragen

Le temps est-il beau?

Vont-ils à Chamonix?

Que dit-elle?

Que faites-vous?

Beachte: 3. Person Singular

Combien cette voiture coûte-t-elle?

Combien a-t-il payé?

> Wenn das Verb dem Subjektpronomen vorausgeht (Inversion), steht zwischen beiden ein **Bindestrich**.
>
> Bei der **3. Person Singular** wird ein ***-t-*** eingeschoben, wenn die Verbform nicht schon selbst auf **-t** oder **-d** endet.

79 Fragesätze: indirekte Frage

Der Grund, warum sie nicht gekommen ist …

ϟ Wörtliche Übersetzung nicht möglich!

La raison pour laquelle *elle n'est pas venue …*
La raison qui explique pourquoi *elle n'est pas venue …*

Die Frage, ob sie krank ist …

ϟ Wörtliche Übersetzung nicht möglich!

La question de savoir si *elle est malade …*

> Im Gegensatz zum Deutschen kann im Französischen die indirekte Frage nicht von einem Nomen abhängen.

Test 78

Complétez:

1. *A qui as tu téléphoné?*
2. *A qui voulez vous parler?*
3. *Qu'as tu dit?*
4. *Que faut il en penser?*
5. *Avez vous compris?*
6. *A qui faut il s'adresser?*
7. *Qu'y a il?*
8. *Où va elle?*

? *s'adresser à:* sich wenden an.

Test 79

Traduisez:

1. Kennst du den Grund, warum Sandrine abwesend ist?

____

____

2. Der Grund, warum der Minister zurückgetreten ist, ist …

____

____

80 Fragesätze: „was (?)“

Direkte Frage

***Qu'est-ce qui** se passe ici?*	Was …? (Subjekt)
***Qu'est-ce que** tu veux?*	Was …? (Objekt)

Indirekte Frage

*Je me demande **ce qui** se passe ici.*	… was (Subjekt)
*Je veux savoir **ce que** tu veux.*	… was (Objekt)

Unterscheide		
	direkte Frage:	indirekte Frage:
Subjekt:	*qu'est-ce **qui***	*ce **qui***
Objekt:	*qu'est-ce **que***	*ce **que***

→ Relativpronomen *ce qui/ce qu'il* (Kap. 150)

Futur

81 Futur: Bildung

	Aber Deutsch	Aber Englisch
*je trouve**rai***	ich **werde finden**	**I'll (will, shall) find**
*tu apprend**ras***	du **wirst lernen**	you **will learn**
*il fini**ra***	er **wird beenden**	he **will finish**
*nous sau**rons***	wir **werden wissen**	we **will know**
*vous vien**drez***	ihr **werdet kommen**	you **will come**
*ils arrive**ront***	sie **werden ankommen**	they **will arrive**

Im Französischen wird das Futur mit den Endungen *-rai, -ras, -ra, -rons, -rez, -ront* gebildet.

(Im Deutschen und im Englischen wird das Futur mit einem Hilfsverb und dem Infinitiv gebildet.)

Test 80

Complétez:

1. ______ *fais-tu? /* ______________________ *tu fais?*

2. *Je veux savoir* ____________ *tu fais.*

3. *Je me suis demandé* ____________ *tu faisais tous les jours.*

4. ______ *as-tu vu? /* ______________________ *tu as vu?*

5. *Dis-moi* ____________ *tu as vu.*

6. *Je ne sais pas* ____________ *tu as vu.*

? *gémeaux:* Zwillinge (Sternzeichen); *plaisanterie:* Spaß.

Gémeaux
du 21 5 au 21 6
Ne remettez pas à demain ce que vous pouvez faire aujourd'hui même. Vous avez toutes vos chances.

Test 81

Traduisez:

1. Wir werden ins Restaurant gehen.

____

2. Ich werde ein gutes Restaurant aussuchen.

____

3. Ich werde Eric und Sylvie einladen.

____

4. Wir werden über ihre Reise nach Amerika sprechen.

______________________________________ *de leur voyage en Amérique.*

? aussuchen: *choisir.*

Futur: unregelmäßige Formen (Tabelle)

aller	*il ira*	*devoir*	*il devra*
avoir	*il aura*	*recevoir*	*il recevra*
savoir	*il saura*	*falloir*	*il faudra*
être	*il sera*	*tenir*	*il tiendra*
faire	*il fera*	*venir*	*il viendra*
envoyer	*il enverra*	*vouloir*	*il voudra*
voir	*il verra*	*etc.*	
courir	*il courra*		
mourir	*il mourra*		
pouvoir	*il pourra*		

ALLEMAGNE

La matinée sera pluvieuse, l'après-midi verra le retour de quelques éclaircies entrecoupées d'ondées. La température sera en baisse sensible : 15 à 19 degrés.

? *pluvieux:* regnerisch; *éclaircie:* Aufheiterung; *entrecoupé:* unterbrochen; *ondées:* Schauer.

82 *futur / avenir* („Zukunft")

grammatischer Begriff

*mettre la phrase au **futur***

*le **futur** simple*

Zukunft allgemein

*penser à l'**avenir***

*avoir un bel **avenir***

Aber das Adjektiv

*la vie **future***

*les jours **futurs***

Aber Englisch

in **future**

have a great **future**

Unterscheide

le futur (grammatischer Begriff)
l'avenir („Zukunft" allgemein)

Test zur Tabelle

Mettez au futur:

1. *aller: elle* ____________________
2. *faire: nous* ____________________
3. *courir: je* ____________________
4. *pouvoir: ils* ____________________
5. *venir: tu* ____________________
6. *être: nous* ____________________
7. *savoir: elle* ____________________
8. *voir: il* ____________________
9. *mourir: elle* ____________________
10. *tenir: elle* ____________________
11. *avoir: il* ____________________
12. *vouloir: vous* ____________________

Ah ! Ça ira, ça ira !
(Chanson révolutionnaire)

Test 82

Ajoutez «futur» ou «avenir»:

1. *Ce jeune homme aura un bel* ________________ .
2. *L'électronique est une carrière d'*________________ .
3. *espérer en un* ________________ *meilleur*
4. *le* ________________ *simple (par exemple: je viendrai)*
5. *la vie* ________________*e (après la mort)*

«L'avenir est à vous!»

83 -ge- (= Aussprache [ʒ])

l'orangeade, le pigeon, ***Georges*** *…*

> Wenn **„g"** vor ***a*** und ***o*** wie [ʒ] ausgesprochen wird, muss es ***-ge-*** geschrieben werden.
>
> – oder umgekehrt:
>
> Die Schreibweise ***-ge-*** bedeutet, dass **„ge"** vor ***a*** und ***o*** wie [ʒ] ausgesprochen wird.

→ ***-gu*** (Kap. 87), ***-ç-*** oder ***-c-*** (Kap. 41)

84 -ge- in Verbformen

Präsens	Imperfekt	Passé simple
je mange	*je mangeais*	*il mangea …*
tu manges	*tu mangeais*	
il mange	*il mangeait*	**Partizip Präsens**
nous mangeons	*nous mangions*	*mangeant*
vous mangez	*vous mangiez*	
ils mangent	*ils mangeaient*	

Ebenso: *bouger* (bewegen), *changer* (wechseln), *déranger* (stören), *se diriger* (Richtung einschlagen), *envisager* (planen), *exiger* (fordern), *interroger* (befragen), *juger* (urteilen), *nager* (schwimmen), *négliger* (vernachlässigen), *obliger* (verpflichten), *partager* (teilen), *soulager* (erleichtern), *se venger* (sich rächen), *voyager* (reisen) …

> Das **„g"** wird in allen Formen [ʒ] gesprochen.
>
> Vor Endungen, die mit ***a*** oder ***o*** beginnen, wird daher ***-ge-*** geschrieben.

→ weitere Verben auf ***-er*** mit Besonderheiten (Kap. 4, 42, 69, 73, 96, 110, 184)

? *astre:* Gestirn.

Test 83

Complétez les mots:

1. *manger une oran______*

2. *boire une oran______ade*

3. *Le temps a été chan______ant.*

4. *na______er comme un poisson*

5. *traverser la rivière en na______ant*

6. *Les premiers résultats étaient encoura______ants.*

MOINS D'ACCIDENTS DE LA ROUTE EN FRANCE

Pour les cinq premiers mois de l'année, le nombre des tués sur les routes a diminué de 8 %, selon le ministre des Transports, [illegible]. Ces résultats encourageants sont la conséquence de la campagne menée en faveur du port de la ceinture de sécurité et contre l'alcoolisme, a expliqué le ministre.

? *encourageant:* ermutigend; *tué:* Getöteter; *selon:* gemäß; *mener:* führen; *port:* (das) Tragen; *ceinture de sécurité:* Sicherheitsgurt.

Test 84

Ajoutez les formes du verbe «manger»:

1. *Présent:*

je ____________________, *nous* ____________________, *ils* ____________________

2. *Imparfait:*

je ____________________, *nous* ____________________, *ils* ____________________

3. *Qu'est-ce que nous man______ons aujourd'hui?*

4. *Allons man______er au restaurant.*

L'appétit vient en mangeant.

Großschreibung

85 Großschreibung: Adjektive

le mont ***B****lanc*

l'océan ***A****tlantique*

> Adjektive, die zu geografischen Namen gehören, werden großgeschrieben.

86 Großschreibung: abgeleitete Nomen

	Aber Englisch
Je parle à un ***F****rançais.*	I speak with a **F**renchman.
J'ai une voiture ***f****rançaise.*	I have a **F**rench car.
le paysage ***a****nglais*	the **E**nglish landscape

> Im Französischen werden nur Nomen, die **Personen** bezeichnen und von Ländernamen oder Städten abgeleitet sind, großgeschrieben.
>
> Adjektive werden kleingeschrieben.

87 *-gu-* (= Aussprache [g])

*elle est fati****gu****ée, la lon****gu****e route,*

*le monolo****gu****e, la* ***gu****erre …*

> Wenn **„g"** vor ***e*** und ***i*** wie [g] ausgesprochen wird, schreibt man ***-gu-***.
>
> – oder umgekehrt:
>
> Die Schreibweise ***-gu-*** bedeutet, dass **„g"** vor ***e*** und ***i*** wie [g] ausgesprochen wird.

→ ***-ge-*** (Kap. 83), ***-ç-*** oder ***-c-*** (Kap. 41)

Test 85

Complétez:

1. la mer ___ouge (R/r)

2. l'océan ___ndien (I/i)

3. la Forêt ___oire (N/n)

4. les départements ___rançais (F/f)

5. le territoire ___ational (N/n)

Test 86

Complétez par f- *ou* F- :

1. la langue ___rançaise

2. la langue parlée par les ___rançais

3. le territoire ___rançais

4. la République ___rançaise

5. écrire une lettre en ___rançais à une belle ___rançaise

> « *Le Québecois n'est pas un Français qui habiterait en Amérique du Nord, mais bien un Américain parlant français* », explique Paul-Yves Bé

Test 87

Complétez:

1. Je suis fati______é après cette lon______e route.

2. Après la visite, on donne un pourboire au g______ide.

3. Apprendre la lan______e française.

> **LE NOUVEAU COMBAT DE BRIGITTE BARDOT**
> Elle part en guerre contre le trafic d'ivoire, pour sauver les éléphants.

? *Brigitte Bardot:* Schauspielerin; *trafic:* (illegaler) Handel; *ivoire:* Elfenbein; *pourboire:* Trinkgeld.

88 *haïr*

Präsens	Imperfekt	Futur
je hais	*je haïssais*	*je haïrai*
tu hais	*tu haïssais*	*tu haïras …*
il hait	*il haïssait*	
nous haïssons	*nous haïssions*	**Passé composé**
vous haïssez	*vous haïssiez*	*j'ai haï*
ils haïssent	*ils haïssaient*	*tu as haï …*

> *haïr* hat in allen Formen **-ï-** , mit Ausnahme der 1. bis 3. Person Präsens.

→ Trema (Kap. 183)

Imperativ

89 Imperativ: 2. Person Singular

Verben auf -er

Tu écoutes? Ecoute.

Tu restes ici? Reste ici.

Verben auf -ir, -re

Tu viens? Viens.

Tu attends? Attends.

> Die Verben auf **-er** haben in der 2. Person Singular des Imperativs die Endung **-e** (ϟ nicht ~~-es~~!).

ϟ **Achtung Ausnahmen** vor *en* und *y: Parles-en. Vas-y.*

? *patience:* Geduld.

Test 88

Ajoutez les formes du verbe «haïr»:

1. *Présent:*

   je ________________ *, nous* ________________ *, ils* ________________

2. *Imparfait: il* ________________ *. Passé composé: il a* ________________

3. *ha___r ses ennemis*

4. *Nous ha___ssons la guerre.*

5. *Ces deux hommes se ha___ssent.*

? *ennemi:* Feind.

Test 89

Ajoutez ***-e*** */* ***-s****:*

1. *Vien___ ici.*
2. *Ecout___ bien.*
3. *Ne fai___ pas de bêtises.*
4. *Attend___ .*
5. *Rest___ là.*
6. *Ne boug___ pas.*

– Ne te baigne pas aujourd'hui,
tu es propre!

? *bêtise:* Dummheit; *bouger:* sich bewegen; *se baigner:* baden; *propre:* sauber.

Imperativ: unregelmäßige Formen (Tabelle)

aller	*va, allons, allez*
avoir	*aie, ayons, ayez*
être	*sois, soyons, soyez*
savoir	*sache, sachons, sachez*
vouloir	*veuille, veuillons, veuillez*

90 *s'intéresser à*

	Aber Deutsch
Il s'intéresse ***au*** *football.*	Er interessiert sich **für** Fußball.
Elle s'intéresse ***à*** *la littérature.*	Sie interessiert sich **für** Literatur.

Beachte: *s'intéresser* ***à*** *qc.* (ϟ nicht ~~*pour qc*~~!)

91 *jouer à / de*

jouer …	***jouer …***	***jouer …***
à *un jeu*	***d'****un instrument de musique*	✘ *une comédie*
au *football*	***de*** *la guitare*	✘ *une partie*
aux *Indiens*	***de la*** *flûte*	✘ *un personnage*
au *poker*	***du*** *piano*	✘ *un rôle*
au *tennis*	***du*** *Mozart*	

Lerne diese Redewendungen mit *jouer.*

? *Indiens:* Indianer.

Test zur Tabelle

Employez l'impératif:

1. *Tu n'es pas sage.* ____________ *sage.*

2. *Tu n'as pas de patience.* ____________ *de la patience.*

3. *Tu vas dans ta chambre?* _________ *vite dans ta chambre.*

4. *Vous savez que je ne suis pas content de vous?* ____________*-le.*

? *sage:* artig; *patience:* Geduld.

Test 90

Complétez:

1. *Sandrine s'intéresse* ______ *tout:*

2. ______ *la politique,* ______ *la peinture.*

3. *Elle s'intéresse aussi* ______ *la littérature.*

4. *Je m'intéresse beaucoup* ______ *ce que tu fais.*

? *peinture:* Malerei.

Test 91

Complétez:

1. *jouer* ______ *tennis*

2. *jouer* ______ *football*

3. *jouer* ______ *Beethoven et* ______ *Chopin*

4. *jouer* ______ *rôle dans cette pièce de théâtre*

92 *jusqu'à / jusqu'à ce que*

Präposition	Konjunktion
jusqu'à *la fin*	***Jusqu'à ce que*** *tout soit fini …*
jusqu'à *son arrivée*	***Jusqu'à ce qu****'il vienne …*

Aber Deutsch

bis zum Ende	**Bis** alles zu Ende war …

> *jusqu'à* ist eine **Präposition**.
>
> *jusqu'à ce que* ist eine **Konjunktion** und leitet immer einen Nebensatz ein.
>
> Nach *jusqu'à ce que* steht immer der Subjonctif.

→ weitere Präpositionen/Konjunktionen (Kap. 21, 33, 62, 111)

93 *la / là*

„die, sie“	„da“
la *femme*	*elle est* ***là***
je ***la*** *vois*	***là****-dessus*

> *la* (ohne Accent grave) ist ein **Artikel** oder **Objektpronomen**.
>
> *là* (mit Accent grave) bedeutet: **„da“**.

94 *laisser / faire*

„zulassen“	„veranlassen“
Laissez*-moi seul.*	***faire*** *venir le docteur*
Il me ***laisse*** *en paix.*	***faire*** *tomber les pommes (en secouant l'arbre)*

> Unterscheide
>
> *laisser* zulassen
> *faire* veranlassen

? *pomme:* Apfel; *secouer:* schütteln.

Test 92

Ajoutez «jusqu'à» ou «jusqu'à ce que»:

1. ______________________________ *ce soir …*
2. ______________________________ *nous soyons prêts …*
3. ______________________________ *la fin du spectacle …*
4. ______________________________ *le spectacle finisse …*
5. ______________________________ *elle ait reçu cette lettre …*
6. *Attendez ici* ______________________________ *je revienne.*

? *spectacle:* Vorstellung.

Test 93

Ajoutez «la» ou «là»:

1. *J'ai passé mes vacances ___ où tu as été l'année dernière.*
2. *Il faut aller ___-bas.*
3. *Ce n'est pas loin de ___ .*
4. *Tu vois ___ maison blanche?*
5. *Je ___ vois très bien.*
6. *Madame n'est pas ___ .*

Test 94

Ajoutez «laisser» ou «faire»:

1. *Pour les vacances, je* ____________________ *venir mes amis.*
2. *Elle* ____________________ *pousser des fleurs dans son jardin.*
3. *Cela me* ____________________ *tout à fait indifférent.*
4. *C'est un remède qui* ____________________ *dormir.*

? *pousser:* wachsen; *indifférent:* gleichgültig; *remède:* Medikament.

95 *littérature*

	Aber Deutsch
*la li**tt**érature*	die Li**t**eratur
	Aber Englisch
	the li**t**erature

> *littérature* wird mit **-tt-** geschrieben.

96 -*ll*- oder -*l*- in Verbformen

Infinitiv

*appe**l**er*

Präsens	**Futur**	**Konditional**
*j'appe**ll**e*	*j'appe**ll**erai*	*j'appe**ll**erais*
*tu appe**ll**es*	*tu appe**ll**eras*	*tu appe**ll**erais*
*il appe**ll**e*	*il appe**ll**era*	*il appe**ll**erait*
*nous appe**l**ons*	*nous appe**ll**erons*	*nous appe**ll**erions*
*vous appe**l**ez*	*vous appe**ll**erez*	*vous appe**ll**eriez*
*ils appe**ll**ent*	*ils appe**ll**eront*	*ils appe**ll**eraient*

Ebenso: *épeler* (buchstabieren), *ficeler* (verschnüren), *morceler* (zerstückeln), *rappeler* (erinnern), *renouveler* (erneuern), *ruisseler* (triefen) …

> Bei diesen Verben steht **-ll-** im Präsens (außer 1./2. Person Plural), im Futur, im Konditional.

→ weitere Verben auf **-er** mit Besonderheiten (Kap. 4, 42, 69, 73, 84, 110, 184)

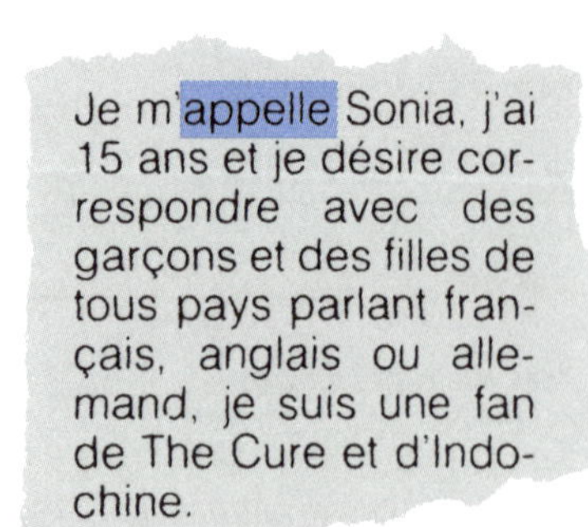
Je m'appelle Sonia, j'ai 15 ans et je désire correspondre avec des garçons et des filles de tous pays parlant français, anglais ou allemand, je suis une fan de The Cure et d'Indochine.

Test 95

Complétez:

1. *aimer la li______érature*
2. *étudier la li______érature française*
3. *Voici une «Histoire de la li______érature».*
4. *C'est un texte li______éraire.*

Test 96

Ajoutez les formes du verbe «appeler»:

1. *Présent:*

   j'______________________, nous ______________________, ils ______________________

2. *Futur:*

   j'______________________, nous ______________________, ils ______________________

3. *Conditionnel: il ____________________*
4. *Il faut appe_______er la police.*
5. *Ce monsieur s'appe_______e Duval.*
6. *M. Dubois appe_______e son chien.*

(= Il faut parler franchement)

97 *marier*

„jdn verheiraten“	**„(selbst) heiraten“**
*Le père **marie** sa fille **à** un avocat.*	*Pierre **se marie avec** ma sœur.*
	Aber Englisch
	Peter **marries** my sister.

Unterscheide

marier qn (à qn)	jdn (mit jdm) verheiraten
se marier avec (qn)	(selbst) jdn heiraten

98 Maßangaben

	Aber Deutsch
*10 centimètre**s***	10 Zentimeter
*10 mètre**s***	10 Meter
*10 kilomètre**s***	10 Kilometer
*10 gramme**s***	10 Gramm
*10 kilo**s***	10 Kilo✗
*10 euro**s***	10 Euro
*à 10 heure**s***	um 10 Uhr

Beachte im Französischen bei diesen Maßangaben das Plural ***-s***.

Test 97

Traduisez:

1. kirchlich heiraten:

   ______________________________ *à l'église*

2. André heiratet Colette:

   ____

3. Jean wird Brigitte heiraten:

   ____

4. Herr Legrand hat eine Grundschullehrerin (*institutrice*) geheiratet:

   ____

Test 98

Complétez:

1. *200 gramme*_______
2. *20 kilo*_______
3. *500 euro*_______
4. *1000 mètre*_______
5. *il est deux heure*_______
6. *trois heure*_______ *plus tard*

99 *mentir à qn*

	Aber Deutsch
*Elle ment **à** son père.*	Sie belügt ihre**n** Vater.
*Elle **lui** ment.*	Sie belügt **ihn**.
*Elle ment **à** ses parents.*	Sie belügt ihr**e** Eltern.
*Elle **leur** ment.*	Sie belügt **sie**.

> Beachte: *mentir **à** qn*
> (im Deutschen mit Akkusativobjekt)

100 *le mort / la mort*

der Tote	**der Tod**
*l'accident a fait **un** mort*	*craindre **la** mort*
*enterrer **le** mort*	***la** mort accidentelle*

> Unterscheide
>
> *le mort* der Tote
> (*la morte* die Tote)
> *la mort* der Tod

? *enterrer:* beerdigen; *accidentel:* durch Unfall.

101 *s'occuper de*

	Aber Deutsch
*Il s'occupe **de** son travail.*	Er beschäftigt sich **mit** seiner Arbeit.
*Occupe-toi **de** tes affaires.*	Beschäftige dich **mit** deinen Angelegenheiten.

> Beachte: *s'occuper **de** qc/**de** qn* (ϟ nicht: ~~*avec qc/qn!*~~)

Test 99

Complétez:

1. *Sylvie ment _______ sa mère.*
2. *Elle _______ a menti.*
3. *Il ne faut pas mentir _______ ses parents.*

Test 100

Ajoutez «la» ou «un»:

1. *trouver _______ mort dans un accident*
2. *Il y a _______ mort et deux blessés.*
3. *Une femme a échappé à _______ mort.*
4. *Elle est très triste depuis _______ mort de son mari.*
5. *hériter de l'argent à _______ mort de son oncle*

? *échapper:* entkommen; *hériter:* erben; *la faux:* die Sense.

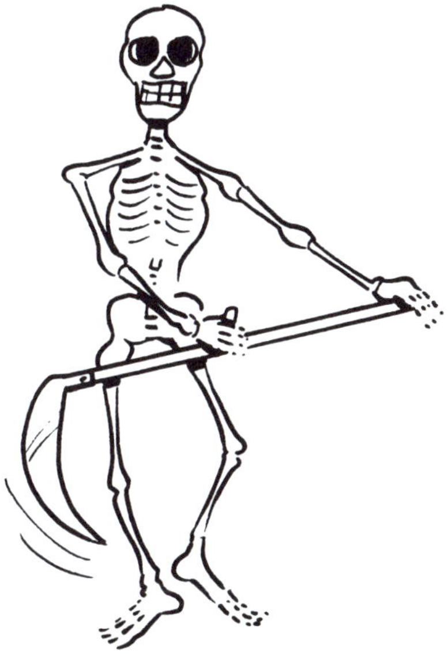

l'allégorie de la Mort portant sa faux

Test 101

Complétez:

1. _______ *quoi t'occupes-tu?*
2. *Je m'occupe _______ mon jardin, _______ la musique, etc.*
3. *Mon père est médecin, il s'occupe _______ ses malades.*
4. *Ma mère est à la maison; elle s'occupe _______ ménage.*

102 *ou / où*

„oder“

*toi **ou** moi …*

*Tu viens maintenant **ou** plus tard?*

„wo“ / „wohin“

***Où** es-tu?*

*Je ne sais pas **où** il est.*

***Où** vas-tu?*

Unterscheide	
ou (ohne Accent grave)	oder
où (mit Accent grave)	wo/wohin

103 *la partie / le parti*

„der Teil“

*la première **partie** du texte*

*distinguer trois **parties***

*une **partie** du temps*

„die Partei“

*le **parti** socialiste*

*être membre du **parti***

*les grands **partis** politiques*

Unterscheide	
la partie	der Teil
le parti	die Partei

ϟ **Achtung:** *prendre **part** à qc; quelque **part***

? *membre:* Mitglied.

Test 102

Ajoutez «ou» / «où»:

1. *Est-elle là _______ pas?*

2. _______ *est-elle?*

3. *Je me demande _______ elle est allée.*

4. *Dans cette direction _______ dans l'autre?*

5. *Je ne sais pas _______ elle habite.*

Deux mites se rencontrent:
– Où voulez-vous passer vos vacances, ma chère?
– Eh bien! répond l'autre, j'ai découvert un petit trou tranquille dans la manche.

? *mite:* Motte; *se rencontrer:* sich treffen; *un petit trou:* ein kleines Loch/ein kleiner Ort; *manche:* Ärmel; *Manche:* Ärmelkanal.

Test 103

Complétez:

1. *être membre d'un _________________ politique*

2. *le congrès d'un _________________*

3. *pendant la première _________________ du congrès …*

4. *Une _________________ des délégués a voté contre.*

5. *les _________________s de gauche*

Partizip Perfekt

104 Partizip Perfekt: bei *avoir*

la femme ***que*** *j'ai vu**e***
les hommes ***que*** *j'ai vu**s***
les femmes ***que*** *j'ai vu**es***

je ***l'****ai vu**e***
je ***les*** *ai vu**s***
je ***les*** *ai vu**es***

Das mit *avoir* verbundene Partizip Perfekt richtet sich in Geschlecht und Zahl nach dem **vorangehenden direkten Objekt.**

(Das vorangehende direkte Objekt ist in den meisten Fällen das Relativpronomen *que* oder ein Personalpronomen: *la, les*.)

→ Partizip Perfekt mit *être* (Kap. 105)

105 Partizip Perfekt: bei *être*

*elle est invité**e***
*ils sont invité**s***
*elles sont invité**es***

*elle était venu**e***
*ils étaient venu**s***
*elles étaient venu**es***

Das mit *être* verbundene Partizip Perfekt richtet sich in Geschlecht und Zahl nach dem **Subjekt**.

→ Partizip Perfekt mit *avoir* (Kap. 104)

Test 104

Complétez:

1. *J'ai bien reçu la lettre que vous m'avez envoyé___ .*
2. *Les photos que vous avez ajouté___ sont très belles.*
3. *Tu les as vu___ ?*
4. *Je les ai montré___ à ma mère.*
5. *Quelle drôle d'idée il a eu___ !*

Test 105

Complétez:

1. *La villa a été loué___ pour deux semaines.*
2. *Mes amis sont venu___ hier soir.*
3. *Sandrine et Isabelle sont allé___ à la plage.*
4. *Sais-tu quand Sandrine est né___ ?*

? *loué:* vermietet; *réunion:* Zusammenkunft.

Club philatélique. — La prochaine réunion des membres du club philatélique est fixée au dimanche 19 mars, à partir de 10 h 30, salle annexe de Saint-Exupéry.

106 Partizip Perfekt: bei reflexiven Verben

Veränderlich

a) *Sandrine **s'est** lavé**e**. (laver **qn**)*

*Elle **s'est** peigné**e**. (peigner **qn**)*

b) *Voici les disques **que** Sandrine s'est acheté**s**. (acheter **qc** à qn)*

Unveränderlich

c) *Sandrine et Isabelle se sont écrit✗. (écrire à qn)*

d) *Sandrine s'est acheté✗ **des disques**. (acheter **qc** à qn)*

> Das Partizip Perfekt der reflexiven Verben
> **richtet sich**
> a) nach dem Reflexivpronomen, wenn es direktes Objekt ist.
> b) nach einem anderen vorangehenden direkten Objekt.
>
> Das Partizip Perfekt der reflexiven Verben
> **ist unveränderlich,**
> c) wenn das Reflexivpronomen indirektes Objekt ist.
> d) wenn ein anderes direktes Objekt hinter dem Verb steht.

? *se peigner:* sich kämmen.

107 Partizip Perfekt: *dû, due*

*M. Dubois a **dû** venir. Mais il est en retard: il a **dû** avoir une panne.*

*C'est la somme d'argent qui lui est **due**.*

> Das Partizip Perfekt von *devoir* wird im Maskulinum Singular mit Accent circonflexe (*dû*) geschrieben, um die Form vom Teilungsartikel unterscheiden zu können.
>
> Die anderen Formen (*due, dus, dues*) haben keinen Accent circonflexe.

? *devoir:* sollen, müssen, schulden, verdanken; *retard:* Verspätung.

Test 106

Complétez:

1. *Raconte comment les choses se sont passé______ .* 2. *Nous nous sommes promené______ .*

3. *Sandrine s'est ennuyé______ .* 4. *Elle s'est trompé______ .*

5. *Elle s'est peigné______ les cheveux.* 6. *Voici la moto que Pierre s'est acheté______ .*

7. *Elle s'est informé______ par minitel de l'heure du départ.*

Elle s'est peignée.

Elle s'est brossé les dents.

? *s'ennuyer:* sich langweilen; *se tromper:* sich täuschen; *minitel:* Bildschirmtext.

Test 107

Complétez:

1. *Je me suis égaré, j'ai ________ prendre l'autre route.*

2. *Sa réussite est ________ à son travail.*

3. *Alain aurait ________ m'indiquer la bonne route.*

108 Partizip Perfekt: auf [i]

dormir:	*dorm**i***	*conduire:*	*condu**it*** [i]
finir:	*fin**i***	*dire:*	*d**it***
mentir:	*ment**i***	*écrire:*	*écr**it***
partir:	*part**i***	*etc.*	
réussir:	*réuss**i***		
rire:	*r**i***		
sentir:	*sent**i***	*mettre:*	*m**is*** [i]
servir:	*serv**i***	*prendre:*	*pr**is***
sortir:	*sort**i***	*etc.*	
suivre:	*suiv**i***		

Beachte die **unterschiedliche Schreibung** der Formen des Partizips Perfekt, die alle [i] gesprochen werden.

109 Partizip Präsens

*cherch**ant***	*appel**ant***
*finiss**ant***	*fais**ant***
*sort**ant***	*all**ant***
*mange**ant***	*voy**ant***

Das Partizip Präsens wird gebildet aus dem Stamm der 1. Person Plural Präsens und der Endung ***-ant***:

nous cherch | ons: *cherch | ant*
nous all | ons: *all | ant*

Achtung Ausnahmen:

Die drei folgenden Verben haben als einzige ein unregelmäßiges Partizip Präsens:

avoir: ***ayant***
être: ***étant***
savoir: ***sachant***

Test 108

Complétez:

1. *conduire:* *elle a* ____________
2. *suivre:* *il a* ____________
3. *écrire:* *j'ai* ____________
4. *dire:* *tu as* ____________
5. *rire:* *elle a* ____________
6. *prendre:* *j'ai* ____________
7. *mettre:* *tu as* ____________

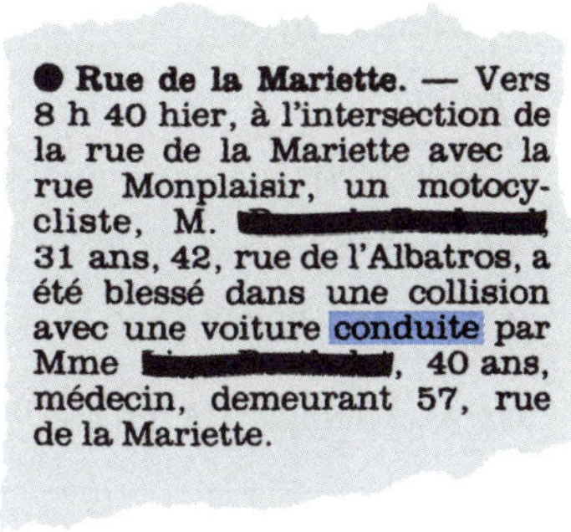

● Rue de la Mariette. — Vers 8 h 40 hier, à l'intersection de la rue de la Mariette avec la rue Monplaisir, un motocycliste, M. [illegible], 31 ans, 42, rue de l'Albatros, a été blessé dans une collision avec une voiture conduite par Mme [illegible], 40 ans, médecin, demeurant 57, rue de la Mariette.

? *vers:* gegen; *intersection:* Kreuzung; *demeurant:* wohnhaft.

Test 109

Ajoutez le participe présent:

1. *retourner:* ____________
2. *dormir:* ____________
3. *pouvoir:* ____________
4. *recevoir:* ____________
5. *prendre:* ____________
6. *avoir:* ____________
7. *être:* ____________
8. *apprendre:* ____________
9. *savoir:* ____________

? *chasseur:* Jäger.

110 *payer* und andere Verben auf *-ayer*

Präsens

je paie/je paye
tu paies/tu payes
il paie/il paye
nous payons
vous payez
ils paient/ils payent

Futur

je paierai/je payerai
tu paieras/tu payeras …

Subjonctif

que je paie/que je paye
que tu paies/que tu payes …

Ebenso: *balayer* (fegen), *effrayer* (erschrecken), *essayer* (versuchen) …

> Bei den Verben auf ***-ayer*** sind beide Formen richtig, die mit ***-i-*** und die mit ***-y-***.

ϟ **Achtung:** Dies gilt nicht für die Verben auf ***-oyer*** und ***-uyer*** !

→ *employer* und andere Verben auf ***-oyer*** und ***-uyer*** (Kap. 69)

→ weitere Verben auf ***-er*** mit Besonderheiten (Kap. 4, 42, 69, 73, 84, 96, 184)

111 *pendant / pendant que*

Präposition

pendant *le voyage*
pendant *mon séjour à Paris*

Konjunktion

Pendant qu'*il fait le voyage …*
Pendant que *j'étais à Paris …*

Aber Deutsch

während der Reise

Während er die Reise macht …

> *pendant* ist eine **Präposition**.
>
> *pendant que* ist eine **Konjunktion** und leitet immer einen Nebensatz ein.

→ weitere Präpositionen/Konjunktionen (Kap. 21, 33, 62, 92)

? *séjour:* Aufenthalt.

Test 110

Ajoutez les formes du verbe «payer»:

1. *Présent: je* __________ */ je* __________ *,*
   nous __________ *, ils* __________ */ ils* __________
2. *Après le repas avec son ami, M. Dubois dit: c'est moi qui* __________ */* __________ *.*
3. *M. Dubois* __________ */* __________ *par chèque.*
4. *Une autre fois, c'est son ami qui* __________ */* __________ *.*

? *repas:* Essen.

Test 111

Ajoutez «pendant» ou «pendant que»:

1. __________ *les vacances …*
2. __________ *nous étions en vacances …*
3. *Il a été malade* __________ *trois jours.*
4. __________ *il était malade, le docteur est venu deux fois.*

Soirée télé mouvementée

Pendant que leurs victimes regardaient la télévision, deux cambrioleurs armés ont dérobé pour 150.000 F de bijoux et 1.600 F en espèces dans un pavillon [illegible] à Tremblay-lès-Gonesse (Seine-Saint-Denis). M. [illegible] soixante-deux ans,

? *mouvementé:* bewegt; *cambrioleur:* Einbrecher; *armé:* bewaffnet; *dérober:* stehlen; *en espèces:* in bar.

112 3. Person Präsens / Nomen

3. Person	Präsens	Nomen	3. Person	Präsens	Nomen
(crier)	*il* ***crie***	*le* ***cri***	*(désirer)*	*il* ***désire***	*le* ***désir***
(essayer)	*il* ***essaye***	*un* ***essai***	*(employer)*	*il* ***emploie***	*un* ***emploi***
(conseiller)	*il* ***conseille***	*le* ***conseil***	*(travailler)*	*il* ***travaille***	*le* ***travail***

Unterscheide bei diesen Wörtern die **3. Person Präsens** mit der Endung ***-e*** vom **Nomen** ohne ***-e***.

? *essai:* Versuch; *emploi:* Gebrauch, Anstellung; *conseil:* Rat.

Personalpronomen

113 Personalpronomen: indirekte Objektpronomen

vor dem Verb

Il ***me*** *dit quelque chose.*

Je ***lui*** *pose des questions.*

Elle ***lui*** *écrit.*

Il ***lui*** *offre son aide.*

Il ***lui*** *donne de l'argent.*

hinter dem Verb

a) Verben der Bewegung
Il vient ***à moi.***

b) Verben des Denkens
Je pense ***à elle.***

c) reflexive Verben
Je m'adresse ***à lui.***
Je m'intéresse ***à lui.***

d) *être à*
Ce livre est ***à moi.***

Normalerweise steht das indirekte Objektpronomen **vor dem Verb**.

Hinter dem Verb steht *à* + Objektpronomen bei

a) Verben der Bewegung,

b) Verben des Denkens,

c) reflexiven Verben

d) und bei *être à* (= gehören).

Test 112

Complétez:

1. *Il empl__________ souvent ce mot.*

2. *entendre un cr__________*

3. *Je dés__________ une voiture confortable.*

4. *Le dés__________ d'avoir une nouvelle voiture.*

5. *J'essa__________ des voitures.*

6. *se mettre au trav__________*

? *balance:* Waage; *rapport:* Beziehung; *grimper dessus:* besteigen.

Le petit garçon dit à sa tante:
– La balance, dans la salle de bains, a un rapport avec la religion.
– Pourquoi?
– Chaque fois que maman grimpe là-dessus, elle crie : «Mon Dieu! Mon Dieu!»

Test 113

Transformez les phrases:

1. *Je m'adresse à M. Dubois.*

____

2. *Je pose la question à M. Dubois.*

____

3. *Cette voiture est à M. Dubois.*

____

4. *Je pense à Pierre et à Sandrine.*

____

114 Personalpronomen: *moi, toi, lui, eux*

***Il** me l'a dit.*

***Lui,** qui est là, me l'a dit.*

***Lui** seul me l'a dit.*

***Lui** et sa femme me l'ont dit.*

> Wenn das Pronomen als Subjekt vom Verb getrennt ist, steht statt *il: lui* (siehe Beispiele rechte Spalte).
>
> Ebenso: Statt *je* steht *moi*, statt *tu* steht *toi*, statt *ils* steht *eux*.
>
> (Zwischen *je, tu, il, ils* und dem Verb dürfen nur stehen: *ne*, Objektpronomen, Reflexivpronomen.)

115 Personalpronomen: Objektpronomen beim Infinitiv

*Je veux **le** voir.*

*Je crois **te** comprendre.*

> Das Objektpronomen steht in der Regel vor dem Infinitiv.

ϟ **Achtung Ausnahmen:**

*Je **l'entends** chanter. Je **le vois** venir.*

> Das Objektpronomen steht vor der konjugierten Form der Verben *faire, laisser, entendre, écouter, voir, regarder, sentir*.

116 Personalpronomen: Objektpronomen *lui*

*Il **lui** écrit.* ⟶ Er schreibt **ihm**. / Er schreibt **ihr**.

Beachte

*Il parle **avec lui.*** ⟶ Er spricht **mit ihm**.

*Il parle **avec elle.*** ⟶ Er spricht **mit ihr**.

> Wenn das Objektpronomen *lui* vor dem Verb steht, kann man nicht erkennen, ob es männlich oder weiblich ist.
>
> Steht das Objektpronomen hinter dem Verb, wird zwischen *lui* und *elle* unterschieden.

Test 114

Ajoutez «lui» ou «il»:

1. _______ *aussi,* _______ *a vu ce film.*

2. _______ *seul n'était pas content.*

3. _______ *me l'a dit.*

4. _______ *et Alain, ils travaillent ensemble.*

5. _______ *, après avoir attendu 10 minutes, est parti.*

Test 115

Ajoutez «te», «t'»:

1. *Je* _______ *aide* _______ .

2. *Je* _______ *veux* _______ *aider.*

3. *Je* _______ *ai* _______ *aidé.*

4. *Je* _______ *vais* _______ *aider.*

5. *Je* _______ *aiderai* _______ .

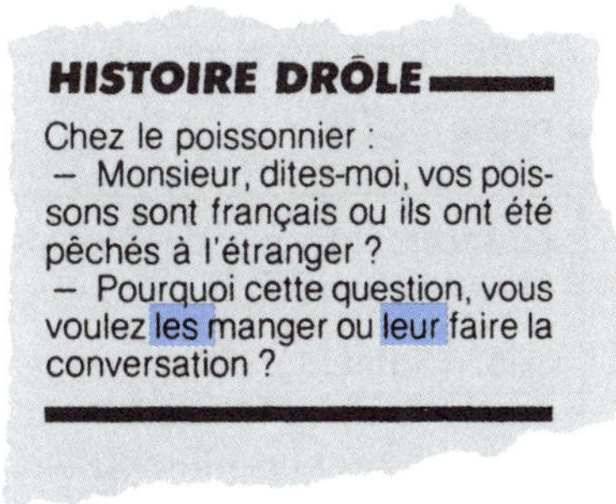

HISTOIRE DRÔLE

Chez le poissonnier :
– Monsieur, dites-moi, vos poissons sont français ou ils ont été pêchés à l'étranger ?
– Pourquoi cette question, vous voulez les manger ou leur faire la conversation ?

? *poissonnier:* Fischhändler; *pêcher:* Fische fangen.

Test 116

Complétez:

Je discute avec Mme Dubois:

1. *Je discute avec* _________ . (ihr)

2. *Je* _________ *demande.* (sie)

3. *Je* _________ *réponds.* (ihr)

4. *Je* _________ *pose des questions.* (ihr)

5. *Nous parlons d'*_________ . (ihr = ihre Tochter)

6. *Nous parlons de* _________ . (ihm = ihr Sohn)

117 Personalpronomen: „sie“

Subjekt

elle *vient*	**sie** kommt (die Frau)
ils *viennent*	**sie** kommen (die Männer / Männer und Frauen)
elles *viennent*	**sie** kommen (die Frauen)

direktes Objekt

il ***la*** *voit*	er sieht **sie** (die Frau)
il ***les*** *voit*	er sieht **sie** (die Männer / Frauen)

indirektes Objekt

il ***lui*** *demande*	er fragt **sie** (die Frau)
il ***leur*** *demande*	er fragt **sie** (die Männer / Frauen)

präpositionales Objekt

il pense à ***elle***	er denkt an **sie** (die Frau)
il pense à ***eux***	er denkt an **sie** (die Männer / Männer und Frauen)
il pense à ***elles***	er denkt an **sie** (die Frauen)

> Unterscheide, wie das Personalpronomen „sie“ ins Französische übersetzt wird:
>
> „sie“ (Subjekt): *elle, ils, elles*.
> „sie“ (direktes Objekt): *la, les*.
> „sie“ (indirektes Objekt): *lui, leur*.
> „sie“ (präpositionales Objekt): *elle, eux, elles*.
>
> Hinweis: Die höfliche Anrede „Sie“ ist immer *vous*. (→ Kap. 119)

118 Personalpronomen: Verb im Relativsatz

	Aber Deutsch
C'est ***moi*** *qui* ***suis*** *là.*	**Ich** bin es, der da **ist**.
C'est ***toi*** *qui* ***as*** *dit cela?*	Bist **du** es, der das gesagt **hat**?
C'est ***nous*** *qui l'****avons*** *demandé.*	**Wir** sind es, die es gefragt **haben**.

> Wenn das Beziehungswort des Relativsatzes ein Personalpronomen ist, richtet sich das Verb des Relativsatzes nach diesem Personalpronomen.

Test 117

Traduisez:

1. Ich kenne **sie**, es ist Sandrine.

____

2. Ich weiß nicht, ob **sie** mich kennt.

____

3. Ich habe **sie** (Sandrine) in Paris gesehen.

____

4. Ich kenne auch ihre Brüder, **sie** wohnen in Paris.

____

5. Ich habe den Brief an **sie** (Sandrine) adressiert.

____

6. Wann wird **sie** mir antworten?

____

Test 118

Complétez:

Qui est le patron?

1. *C'est vous qui* _________ *le patron?*
2. *C'est toi qui t'appell* _________ *Alain?*

? *patron:* Chef; *aborder:* ansprechen; *ravissant:* entzückend.

Pendant une fête, un jeune homme aborde une jeune fille:
– Oh! mais je vous reconnais, c'est vous qui avez une sœur ravissante…
La jeune fille:
– Non, monsieur, c'est ma sœur qui a une sœur ravissante!

119 Personalpronomen: *vous* (Höflichkeitsform)

Vous êtes content✗, monsieur?

Vous êtes contente, madame?

Vous êtes contents, messieurs-dames?

Vous êtes arrivées en avion, mesdames?

> Bei *vous* (Höflichkeitsform) richten sich Adjektiv und Partizip Perfekt in Geschlecht und Zahl nach der gemeinten/angesprochenen Person.

120 Personalpronomen: *vous* (Subjekt / Objekt)

vous als Subjekt

***Vous** le voy**ez**.*

*Voilà votre ami que **vous** cherch**ez**.*

***Vous** aid**ez** vos amis.*

vous als Objekt

*Il **vous** voit.*

*C'est votre ami qui **vous** cherche.*

*Vos amis **vous** aident.*

> Das Personalpronomen *vous* (= ihr, euch) kann Subjekt oder Objekt sein.
>
> Die Verbendung ***-ez*** (2. Pers. Plur.) taucht nur auf, wenn *vous* Subjekt ist.

121 *personne / personnage* (= „Person“)

allgemein

*Cinq **personnes** sont dans une voiture.*

im Theaterstück, Roman

*jouer un **personnage***

*analyser un **personnage** de ce roman*

> Unterscheide
>
> *la personne* (allgemein)
> *le personnage* (in der Dichtung)

Test 119

Complétez:

1. *Vous vous êtes bien amusé_______ , mademoiselle?*
2. *Vous vous êtes bien amusé_______ , messieurs-dames?*
3. *Vous êtes satisfait_______ , madame?*

Test 120

Complétez:

1. *Voilà Sandrine que vous attend_______ .*
2. *Voilà Claudine qui vous attend_______ .*
3. *J'espère que je vous rencontr_______ demain à cette fête.*
4. *Ces photos vous donn_______ une idée de la beauté du château.*

****
UTILE
SAINT TROJAN
****
VOUS REMERCIE
A BIENTOT
0010 3-07-87 %040004
SHAMPOING DOP 10.35
042 CREMERI 4.05
LAIT FRAIS 3.80
S/TOTAL 18.20
TOTAL 18.20
ESPECES 50.00
RENDU 31.80
0205% 3ARTC 16:33TM

Test 121

Ajoutez «personne» ou «personnage»:

1. *Plusieurs* ______________________________ *ont été blessées dans cet accident.*
2. *les enfants et les grandes* ______________________________
3. *C'est une comédie à trois* ______________________________ .
4. *Voici la liste des acteurs qui jouent les* ________________ .
5. *un lit pour deux* ______________________________

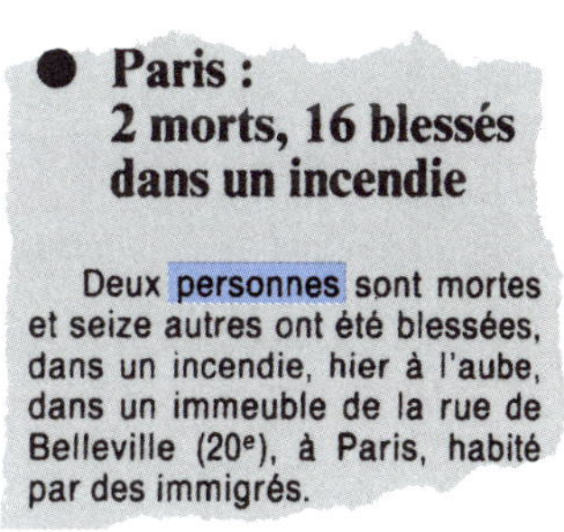

● Paris : 2 morts, 16 blessés dans un incendie

Deux personnes sont mortes et seize autres ont été blessées, dans un incendie, hier à l'aube, dans un immeuble de la rue de Belleville (20e), à Paris, habité par des immigrés.

? *incendie:* Brand; *à l'aube:* im Morgengrauen; *immeuble:* Gebäude.

122 *peu / peut*

„wenig“	**„kann“**	**„vielleicht“**
un peu de temps	*on ne peu**t** pas entrer*	*peu**t**-être*
avoir un peu d'argent		
un peu plus	*elle ne peu**t** pas le dire*	
à peu près		

> *peu* („wenig“) schreibt man ohne ***-t***.
>
> *peut* (Verbform von *pouvoir*) sowie *peut-être* schreibt man mit ***-t***.

? *à peu près:* ungefähr.

123 *pleuvoir / pleurer*

***pleuvoir* („regnen“)**	***pleurer* („weinen“)**
*il **pleut** (es regnet)*	*il **pleure** (er weint)*
*il a **plu***	*il a **pleuré***

> Unterscheide die Formen von *pleuvoir* = „regnen“ und *pleurer* = „weinen“!

Plural der Nomen

124 Plural: Nomen auf *-al, -ail*

	Vergleiche
-al / ***-ail*** → ***-aux***	***-eau*** → ***-eaux***
*le chev**al** – les chev**aux***	*le chât**eau** – les chât**eaux***
*le journ**al** – les journ**aux***	*le cad**eau** – les cad**eaux***
*le trav**ail** – les trav**aux***	*le bat**eau** – les bat**eaux***
	etc.

> Die Nomen auf ***-al*** und ***-ail*** haben im Plural die Endung ***-aux***. (ϟ nicht ~~***-eaux***~~!)

Test 122

Ajoutez «peu» ou «peut»:

1. *Je suis pressé, j'ai très* __________ *de temps.*
2. *Mon frère travaille* __________ *à la maison.*
3. *Mon oncle viendra* __________*-être demain.*
4. *On ne* __________ *pas déchiffrer sa lettre.*
5. *Il se* __________ *que je me sois trompé.*
6. *C'est* __________*-être faux.*

? *être pressé:* es eilig haben; *déchiffrer:* entziffern; *tromper:* täuschen.

Test 123

Traduisez:

1. Es regnet. __________
2. Sie weint. __________
3. das Kind, das geweint hat __________
4. Es hat geregnet. __________

Test 124

Mettez au pluriel:

1. *le travail:* *les* __________
2. *le signal:* *les* __________
3. *un château:* *les* __________ *de la Loire*
4. *un hôpital:* *les* __________ *de Paris*
5. *un animal:* *les* __________ *du zoo*

? *pêche:* Angeln, Fischfang.

125 Plural: Nomen auf *-s, -x, -z*

		Aber Englisch	
*le temp**s***	*les temp**s***	class	class**es**
*le pay**s***	*les pay**s***		
*le pri**x***	*les pri**x***	box	box**es**
*la voi**x***	*les voi**x***		
*le ga**z***	*les ga**z***		
*le ne**z***	*les ne**z***		

> Nomen auf ***-s***, ***-x***, ***-z*** bekommen im Plural kein (weiteres) ***-s***.

? *voix:* Stimme.

Plural der Nomen: unregelmäßige Formen (Tabelle)

le bœuf [bœf]	*les bœufs* [bø]
l'œuf [œf]	*les œufs* [ø]
l'os [ɔs] 	*les os* [o] 
l'œil [œj]	*les yeux* [jø]
monsieur [məsjø]	*messieurs* [mesjø]
madame [madam]	*mesdames* [medam]
mademoiselle [madmwazɛl]	*mesdemoiselles* [medmwazɛl]

Complétez:

1. *manger du* ____________ (Reis) *cuit à l'eau*

2. *la* ____________ *rouge* (Kreuz)

3. *suivre trois* ____________ (Kurse) *de littérature française*

4. *Ce sont mes* ____________ (Söhne).

5.

? *cuit:* gekocht; *priorité:* Vorfahrt; *piéton:* Fußgänger; *rouler aux pas:* Schritt fahren.

Test zur Tabelle

Complétez:

1. *Brigitte a les* ______________ *bleus.* (Augen)

2. *acheter une douzaine d'*______________ (Eier)

3. *jeter deux* ______________ *au chien* (Knochen)

4. *manger du filet de* ______________ (Ochse)

Possessivpronomen

126 Possessivpronomen: *leur/leurs*

Possessivpronomen	**Objektpronomen**
les élèves et ***leur*** *professeur* (Sing.)	*Le professeur parle avec ses élèves:*
Les enfants jouent avec ***leur*** *chat* (Sing.).	*Le professeur* ***leur*** *dit …*
les parents et ***leurs*** *enfants* (Plur.)	*Il* ***leur*** *donne les cahiers.*
Les jeunes écoutent ***leurs*** *disques* (Plur.).	

leur bekommt nur als **Possessivpronomen** ein ***-s***, nicht als **Objektpronomen**.

leur bekommt aber auch als Possessivpronomen nur ein ***-s***, wenn mehrere Besitzer mehrere „Besitztümer“ haben.

(Also muss nach *leurs* immer ein **Nomen im Plural** folgen.)

127 Possessivpronomen: *mon, ton, son*

	Vergleiche
mon ami (Freund)	*mon frère*
ton ami	*ton frère*
son ami	*son frère*
mon *amie* (Freundin)	***ma*** *sœur*
ton *amie*	***ta*** *sœur*
son *amie*	***sa*** *sœur*
mon h*abitude*	
ton h*abitude*	
son h*abitude*	

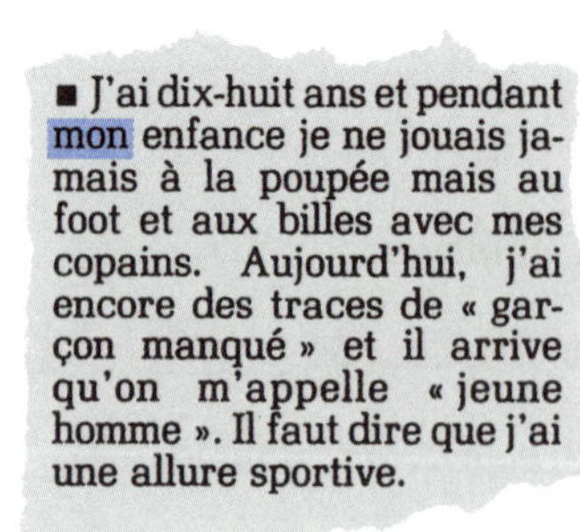

■ J'ai dix-huit ans et pendant mon enfance je ne jouais jamais à la poupée mais au foot et aux billes avec mes copains. Aujourd'hui, j'ai encore des traces de « garçon manqué » et il arrive qu'on m'appelle « jeune homme ». Il faut dire que j'ai une allure sportive.

mon, ton, son stehen auch vor **weiblichen Nomen**, die mit Vokal oder stummem ***h-*** beginnen.

? *habitude:* Gewohnheit; *billes:* Murmeln; *trace:* Spur; *garçon manqué:* verkappter Junge.

Test 126

Ajoutez «leur» ou «leurs»:

1. *M. et Mme Dubois ont écrit que* ______________ *fils Eric était malade.*

2. ______________ *filles vont très bien.*

3. *Ils cherchent une personne sérieuse pour s'occuper de* ______________ *enfants.*

4. 

Les Français, leurs meubles, leur logement
Si les Français habitent en moyenne dix ans dans le même logement, ils gardent en revanche leurs meubles plus longtemps. La moyenne: treize ans environ.

? *en moyenne:* im Durchschnitt; *en revanche:* hingegen.

Test 127

Ajoutez «mon» ou «ma»:

1. *C'est* __________ *idée,* __________ *proposition.*
2. *C'est* __________ *affaire.*
3. *Vous avez* __________ *adresse et* __________ *numéro de téléphone?*
4. *Je lui ai témoigné* __________ *amitié.*
5. *Il connaît* __________ *profession.*

? *proposition:* Vorschlag; *témoigner:* bekunden.

128 Possessivpronomen: *son, sa, ses*

son *frère*	**sein** Bruder / **ihr** Bruder
sa *sœur*	**seine** Schwester / **ihre** Schwester
ses *amis*	**seine** Freunde / **ihre** Freunde

> *son, sa, ses* bedeuten „sein(e)“ und „ihr(e)“.

son chien (sein Hund)

son chien (ihr Hund)

129 *pouvoir / savoir* („können“)

„imstande sein/die Möglichkeit haben“

*Tu **peux** prendre place.*

*Ils **peuvent** sortir.*

„gelernt haben“

*Je **sais** nager.*

*Elle **sait** sa leçon.*

Aber Deutsch

Du **kannst** dich setzen.

Ich **kann** schwimmen.

> Unterscheide
>
> *pouvoir* können = imstande sein
> *savoir* können = gelernt haben

Test 128

Traduisez en allemand:

1. *sa voiture:* ____________________ / ____________________
2. *son chapeau:* ____________________ / ____________________
3. *ses lunettes:* ____________________ / ____________________

Un automobiliste et son passager blessés

A 1 h 40, sur la RN 137, à la suite d'une manœuvre, M. [illegible] 22 ans, employé, demeurant à Rochefort, a perdu le contrôle de sa voiture. Blessé ainsi que son passager ([illegible] 23 ans, demeurant à Echillais).

? *demeurant:* wohnhaft.

Test 129

Ajoutez «pouvoir» ou «savoir»:

1. *Elle ne _________ pas nager, la petite, elle est encore trop jeune.*
2. *Aujourd'hui on ne _________ pas nager, parce que la mer est trop agitée.*
3. *Sandrine a été dans une auto-école,*

   maintenant elle _________ conduire.

Le père de famille surprend sa fille dans les bras d'un garçon et s'écrie:
– Jeune homme, je vais vous apprendre à embrasser ma fille!
– Trop tard, papa, il sait déjà.

? *agité:* bewegt; *surprendre:* überraschen; *embrasser:* küssen.

Präsens

130 Präsens: Accent circonflexe in Verbformen

		Vergleiche	
connaître	– *il connaît*	*faire*	– *il fait*
croître	– *il croît*	*haïr*	– *il hait*
disparaître	– *il disparaît*	*savoir*	– *il sait*
naître	– *il naît*	*taire*	– *il tait*
paraître	– *il paraît*		
plaire	– *il plaît*		

> Beachte den Gebrauch des Accent circonflexe in der 3. Person Singular Präsens!

? *croître:* wachsen; *taire:* verschweigen.

131 Präsens: *apercevoir, recevoir*

		Vergleiche	
*aperce**voir***	– *il aper**çoit***	*voir*	– *il voit*
Ebenso			
*rece**voir***	– *il re**çoit***		

> Beachte und lerne die unregelmäßige Verbform *il aperçoit* – im Gegensatz zu *il voit*.

132 Präsens: Infinitiv ≠ 3. Person Plural

	Vergleiche Deutsch	Vergleiche Englisch
faire	**machen**	to **do**
*Ils **font** leurs devoirs.*	Sie **machen** ihre Hausarbeiten.	They **do** their homework.
prendre	**nehmen**	to **take**
*Ils **prennent** leurs livres.*	Sie **nehmen** ihre Bücher.	They **take** their books.

> Beachte
>
> Im Gegensatz zum Deutschen und Englischen entsprechen sich im Französischen der Infinitiv und die 3. Person Plural Präsens nicht.

Test 130

Complétez:

1. (

2. j

3. s

4. s

5. p

6. h

Le brouillard, c'est dangereux et trompeur. Dès qu'il **appa-raît**, l'automobiliste perd conscience des distances qui le séparent des autres véhicules. Alors, le danger menace...

? ...ein; *menacer:* drohen.

Test 131

Co...

1. *E*

2. *E*

3. *Il ne v_____________ pas Sylvie.*

4. *Il n'aper_____________ pas Sylvie.*

Test 132

Trad...

1. sagen: _____________ sie sagen: _____________

2. gehen: _____________ sie gehen: _____________

3. sehen: _____________ sie sehen: _____________

4. wissen: _____________ sie wissen: _____________

133 Präsens: 2. Person Singular

tu** a**s	***tu** va**s***
il a	*il va*
tu** cherche**s	***tu** vien**s***
il cherche	*il vient*

> Die 2. Person Singular Präsens endet auf ***-s***.

Achtung Ausnahmen: ***tu** peu**x**, tu veu**x*** (⟶ Kap. 138)

134 Präsens: 3. Person Plural

il voit	*il**s** voi**ent***
il pense	*il**s** pens**ent***
elle parle	*elle**s** parl**ent***
elle écoute	*elle**s** écout**ent***

> In der 3. Person Plural bekommen *il* und *elle* ein ***-s***.
> Die Verbendung der 3. Person Plural Präsens ist ***-ent***.
> (Die Endung ***-ent*** wird nicht gesprochen!)

135 Präsens: *prendre – ils prennent*

Präsens von *prendre*	**Partizip Präsens**
je prends	*pre**n**ant*
tu prends	
il prend	
*nous pre**n**ons*	
*vous pre**n**ez*	
*ils pre**nn**ent*	

> Nur die 3. Person Plural (*ils prennent*) wird mit ***-nn-*** geschrieben.

Ebenso: *ils tie**nn**ent; ils vie**nn**ent*

Test 133

Complétez:

1. *tu fini*______ *il fini*______
2. *tu aim*______ *il aim*______
3. *tu offr*______ *il offr*______
4. *tu vien*______ *il vien*______

Test 134

Mettez au pluriel:

1. *il cherche:* *ils* ________________
2. *elle aime:* *elles* ________________
3. *il mange:* ________________
4. *elle appelle:* ________________
5. *il achète:* ________________
6. *elle ouvre:* ________________

Test 135

Présent:

1. *je p* ________________
2. *nous p* ________________
3. *ils p*________________
4. *en p*________________

Deux jeunes filles **prennent** un café.
– Que penses-tu de Jules?
– Peuh, c'est un imbécile.
L'autre est très surprise.
– Tu crois? Il m'a demandé de l'épouser.
– C'est bien ce que je disais.

? *imbécile:* Dummkopf; *épouser:* heiraten.

136 Präsens: Verbformen auf *-t, -d*

-t		**-d**	
il atteint	*(atteindre)*	*il attend*	*(attendre)*
il craint	*(craindre)*	*il s'étend*	*(s'étendre)*
il peint	*(peindre)*	*il prend*	*(prendre)*
il se plaint	*(se plaindre)*	*il rend*	*(rendre)*
il résout	*(résoudre)*	*il vend*	*(vendre)*

> Beachte die Endungen ***-t*** und ***-d*** bei den unregelmäßigen Verben auf ***-dre***.

? *atteindre:* erreichen; *résoudre:* (Problem) lösen; *s'étendre:* sich ausbreiten.

137 Präsens: Verbformen auf *-tes*

vous dites	*(dire)*
vous êtes	*(être)*
vous faites	*(faire)*

> Beachte: Diese drei Verben haben in der 2. Person Plural Präsens die Endung ***-tes***. (ϟ nicht: ~~***-ez***~~!)

ϟ **Achtung Ausnahmen** zu *dire: vous contre**disez**, vous inter**disez**, vous pré**disez***

138 Präsens: Verbformen auf *-x*

*je peu**x**, tu peu**x***	*(pouvoir)*
*je veu**x**, tu veu**x***	*(vouloir)*

> Die Verben *pouvoir* und *vouloir* haben in der 1. und 2. Person Singular Präsens die Endung ***-x***.

→ 2. Person Singular (Kap. 133)

Test 136

Complétez:

1. *atteindre:* *il* ______________________
2. *attendre:* *il* ______________________
3. *craindre:* *il* ______________________
4. *peindre:* *il* ______________________
5. *prendre:* *il* ______________________
6. *se plaindre:* *il* ______________________
7. *résoudre:* *il* ______________________

> L'espérance de vie des Français atteint aujourd'hui soixante-douze ans pour les hommes et dépasse pour la première fois quatre-vingts ans pour les femmes.

? *espérance de vie:* Lebenserwartung; *dépasser:* überschreiten.

Test 137

Complétez:

1. *Que d______________-vous?*
2. *Où ê______________-vous?*
3. *Que f______________-vous?*
4. *D______________-moi franchement votre avis.*
5. *E______________-vous d'accord?*

– Les femmes sont beaucoup plus résistantes à la douleur que les hommes.
– Vous êtes docteur?
– Non, je suis marchand de chaussures.

? *douleur:* Schmerz.

Test 138

Complétez:

1. *Je fais tout ce que je p__________.*
2. *Maintenant je n'en p__________ plus.*
3. *Tu p__________ m'aider?*
4. *Je v__________ le savoir.*
5. *V__________-tu te taire.*

Präsens: unregelmäßige Präsensformen (Tabelle)

aller	*je vais, tu vas, il va,* *nous allons, vous allez, ils vont*
boire	*je bois, tu bois, il boit,* *nous buvons, vous buvez, ils boivent*
courir	*je cours, tu cours, il court,* *nous courons, vous courez, ils courent*
devoir	*je dois, tu dois, il doit,* *nous devons, vous devez, ils doivent*
dire	*je dis, tu dis, il dit,* *nous disons, vous di**tes**, ils disent*
dormir	*je dors, tu dors, il dort,* *nous dormons, vous dormez, ils dorment*
écrire	*j'écris, tu écris, il écrit,* *nous écrivons, vous écrivez, ils écrivent*
faire	*je fais, tu fais, il fait,* *nous faisons, vous fai**tes**, ils font*
falloir	*il faut*
fuir	*je fuis, tu fuis, il fuit,* *nous fuyons, vous fuyez, ils fuient*
lire	*je lis, tu lis, il lit,* *nous lisons, vous lisez, ils lisent* **Ebenso:** *conduire, construire, suffire …*
mettre	*je mets, tu mets, il met,* *nous mettons, vous mettez, ils mettent* **Ebenso:** *battre, permettre, promettre …*
mourir	*je meurs, tu meurs, il meurt,* *nous mourons, vous mourez, ils meurent*
ouvrir	*j'ouvre, tu ouvres, il ouvre,* *nous ouvrons, vous ouvrez, ils ouvrent* **Ebenso:** *offrir …*
*para**î**tre*	*je parais, tu parais, il para**î**t,* *nous paraissons, vous paraissez, ils paraissent* **Ebenso:** *conna**î**tre, na**î**tre …*
partir	*je pars, tu pars, il part,* *nous partons, vous partez, ils partent* **Ebenso:** *mentir, sentir, servir, sortir …*

plaindre
je plains, tu plains, il plaint,
nous plaignons, vous plaignez, ils plaignent
Ebenso: *atteindre, craindre, éteindre, joindre*

plaire
*je plais, tu plais, il pla*__î__*t,*
nous plaisons, vous plaisez, ils plaisent

pouvoir
*je peu*__x__*, tu peu*__x__*, il peut,*
nous pouvons, vous pouvez, ils peuvent
Ebenso: *pleuvoir (il pleut), vouloir …*

prendre
je prends, tu prends, il prend,
*nous pre*__n__*ons, vous pre*__n__*ez, ils pre*__nn__*ent*

recevoir
je reçois, tu reçois, il reçoit,
nous recevons, vous recevez, ils reçoivent
Ebenso: *apercevoir …*

rire
je ris, tu ris, il rit,
nous rions, vous riez, ils rient
Ebenso: *sourire …*

savoir
je sais, tu sais, il sait,
nous savons, vous savez, ils savent

suivre
je suis, tu suis, il suit,
nous suivons, vous suivez, ils suivent

taire
je tais, tu tais, il tait,
nous taisons, vous taisez, ils taisent

vendre
je vends, tu vends, il vend,
nous vendons, vous vendez, ils vendent

venir
je viens, tu viens, il vient,
*nous ve*__n__*ons, vous ve*__n__*ez, ils vie*__nn__*ent*
Ebenso: *tenir …*

vivre
je vis, tu vis, il vit,
nous vivons, vous vivez, ils vivent

voir
je vois, tu vois, il voit,
nous voyons, vous voyez, ils voient
Ebenso: *croire …*

139 *près / prêt*

„nahe"	„bereit"
près *de la gare*	*être* ***prêt*** *à partir*
être ***près*** *d'ici*	*Le café est* ***prêt.***

Unterscheide

près	nahe
prêt	bereit

140 *quand / quant*

„als, wann"	„was anbetrifft"
J'étais là ***quand*** *il est venu.*	***quant*** *à moi*
Quand *viens-tu?*	***quant*** *à ce projet*

Unterscheide

quand	als, wann
quant	was … anbetrifft

141 *quand / si* („wenn")

Zeit	Bedingung
Quand *tu auras fini ton travail …*	***Si*** *je comprends bien …*
Quand *il fait beau temps …*	***Si*** *vous voulez …*
	S'*il fait beau temps …*

Aber Deutsch

Wenn du deine Arbeit beendet hast, …	**Wenn** ich richtig verstehe, …

Unterscheide

quand	wenn (Zeit)
si	wenn (Bedingung)

Test 139

Ajoutez «près» ou «prêt»:

1. *Soyez* _________ *à cinq heures.*
2. *se tenir* _________
3. *M. Dubois habite tout* _________ *de son bureau.*
4. *Le déjeuner est* _________ *; venez à table.*

? *soyez:* seien Sie.

Test 140

Ajoutez «quand» ou «quant»:

Après une longue discussion:

1. _______________ *à sa proposition, il faut l'examiner.*
2. _______________ *à moi, je suis d'accord.*
3. *Je le lui dirai* _______________ *il me téléphonera.*

Quand le chat
n'est pas là,
les souris dansent.

? *proposition:* Vorschlag.

Test 141

Ajoutez «quand» ou «si»:

1. _____________ *tu auras lu ce roman, tu me le rendras.*
2. _____________ *ce roman te plaît, je t'en prêterai d'autres du même auteur.*
3. _____________ *nous étions partis plus tôt, nous n'aurions pas manqué le bus.*

– Je me demande de quoi vivent tous ces moustiques quand on n'est pas en vacances?

? *rendre:* zurückgeben; *prêter:* borgen; *tôt:* früh; *manquer:* verpassen.

142 *que*

Relativpronomen	**Aber Englisch**
*le livre **qu'**elle a lu*	the book ✗ she has read
„dass"	
*Je pense **que** le temps sera beau.*	I think ✗ the weather will be fine.
	Aber Deutsch
	Ich glaube, ✗ das Wetter wird schön.

> Im Französischen darf das *que* nicht weggelassen werden.

143 *quelque* in Wortverbindungen

zwei Wörter	**mit Bindestrich**	**ein Wort**
quelque temps		*quelquefois*
quelque part		
quelque chose		
quelqu'un	*quelques-uns*	
quelqu'une	*quelques-unes*	

> Mit Bindestrich schreibt man: *quelques-uns, quelques-unes.*
> In einem Wort schreibt man: *quelquefois.*

144 *quelque(s)*

	Aber Englisch
*quelque**s** petits villages*	some✗ small villages

> *quelque* hat im Plural ein ***-s***.

Q

Test 142

Complétez:

1. *Le garçon, __________ tu vois dans la rue, est mon fils.*
2. *Je crois __________ il est doué.*
3. *Je suis sûr __________ il réussira.*
4. *J'espère __________ il aura une bonne place.*

– Ne serre pas trop, je lis que tu viens de mettre la main sur une des dernières foliocutorbitacées!

? *doué:* begabt; *serrer:* festhalten, ziehen.

Test 143

Ajoutez «quelque»:

1. *Je serai à Paris pour ________________________ temps.*
2. *J'y verrai ________________________ fois Madame Duval.*
3. *J'irai à cette fête avec ________________________ uns de mes amis.*
4. *Tu attends encore ________________________ un?*
5. *Elle m'a raconté ________________________ chose de très intéressant.*

Test 144

Complétez:

1. *dire quelque___ mots*
2. *attendre quelque___ jours*
3. *quelque___ touristes*
4. *quelque___ chose*
5. *quelque___ temps*
6. *inviter quelque___ amis*

ALLEMAGNE

Quelques nuages sans conséquence n'empêcheront pas le soleil de briller. Il fera relativement frais avec 13° à 15° le matin, 19° à 22° l'après-midi.

? *nuage:* Wolke; *empêcher:* verhindern; *frais:* frisch.

145 *quelque chose etc.* + Adjektiv

	Aber Deutsch
*quelque chose **d'**intéressant*	etwas Interessantes
*Quoi **de** neuf?*	Was (gibt's) Neues?
*rien **de** nouveau*	nichts Neues
*personne **d'**autre*	niemand ander(e)s

An *quelque chose, rien, quelqu'un, personne, quoi* wird das Adjektiv mit ***de*** angefügt.

146 *question*

	Vergleiche Deutsch	**Aber Englisch**
*Il **pose** une question.*	Er **stellt** eine Frage.	He **asks** a question.

„eine Frage stellen" heißt auf Französisch: *poser une question*.

147 *se rappeler qc/qn / se souvenir de qc/de qn*

Je me rappelle ✘ *son nom.*	*Je me souviens **de** ce monsieur.*
Je me rappelle ✘ *la soirée agréable.*	*Je me souviens **de** sa femme.*

Unterscheide

*se rappeler **qc/qn***
*se souvenir **de qc/de qn**.*

Beides heißt: „sich an etwas/an jemanden erinnern".

Merke: *rappeler **qc à qn***: „jemanden an etwas erinnern"

Test 145

Traduisez:

Détendue pour une bonne nuit

Quoi de plus agréable que de prendre un bon bain chaud le soir, après une longue journée fatigante ! Il vous détendra complètement et favorisera votre sommeil.
● **La technique du bain relaxant.** Seule l'eau chaude

1. nichts Schöneres

   ________________ *plus beau*

2. Niemand verletzt?

   __________________________ *blessé?*

3. Das ist etwas Außergewöhnliches.

   C'est ____ *extraordinaire.*

? *détendu:* entspannt; *fatigant:* ermüdend; *favoriser:* begünstigen; *sommeil:* Schlaf.

Test 146

Complétez:

1. *Quelqu'un a* _____________ *une question?*
2. *Il faut* _____________ *cette question à Sandrine.*
3. *Son ami se* _____________ *la question de savoir ce qu'il fera sans travail.*

Test 147

Complétez:

1. *Alain: Je me rappelle très bien* _______ *notre premier rendez-vous.*
2. *La petite Yvonne? Je me souviens* _______ *elle.*
3. *Je ne me rappelle plus* _______ *ton numéro de téléphone.*
4. *Vous souvenez-vous* _______ *vos promesses, monsieur?*

? *promesse:* Versprechen.

148 *recevoir* und andere Verben

Präsens

je reçois

tu reçois

il reçoit

*nous re**ce**vons*

*vous re**ce**vez*

ils reçoivent

Subjonctif

qu'il reçoive

Passé simple

il reçut

Perfekt

il a reçu

Ebenso: *apercevoir* (bemerken), *décevoir* (enttäuschen) …

> Bei diesen Verben wird das **„c"** immer wie [s] ausgesprochen.
> Daher schreibt man vor ***o*** und ***u*** immer **-ç-** .

→ **-ç-** oder **-c-** (Kap. 41, 42)

149 Reflexivpronomen *lui / soi*

*chacun pour **soi**.*

*Il faut avoir confiance en **soi**.*

*On ne pense qu'à **soi**.*

*Pierre regarde autour de **lui**.*

*Frédéric a confiance en **lui**.*

*Il ne pense qu'à **lui**.*

> *soi* bezieht sich auf ein unpersönliches Subjekt.
> *lui* bezieht sich auf ein bestimmtes Subjekt.

Relativpronomen

150 Relativpronomen: *ce qui / ce qu'il*

*Elle me demande **ce qui** se passe ici.* *Je ne sais pas **ce qui** se passe.*

*Elle me demande **ce qu'il** faut faire.* *Je ne sais pas **ce qu'il** veut, le patron.*

> *ce qui* bedeutet „was" und ist Subjekt.
> *ce qu'il* bedeutet „was er/es" (nur *il* ist Subjekt).

→ „Was (?)" (Kap. 80), *qui/qu'il* (Kap. 153)

Test 148

Ajoutez les formes du verbe «recevoir»:

1. *Présent:*

   je ____________________ ,

   nous ____________________ ,

   ils ____________________

2. *Passé composé:*

   il a ____________________

3. *J'ai* ____________________ *la lettre.*

4. *Alain* ____________________ *des cadeaux pour sa fête.*

5. *Nous avons* ____________________ *de bonnes nouvelles.*

6. *Isabelle* ____________________ *beaucoup de compliments.*

? *cadeau:* Geschenk.

Test 149

Ajoutez «lui» ou «soi»:

1. *On doit aimer son prochain comme* ______________ *-même.*
2. *Il faut toujours rester maître de* ______________ .
3. *Alain est maître de* ______________ .
4. *M. Dubois nous a reçu chez* ______________ .
5. *Chacun pour* ______________ *, et Dieu pour tous.*

? *le prochain:* der Nächste.

Test 150

Complétez:

1. *Sandrine pense à Alain: Je me demande* ____________________ *fait à cette heure.*
2. *J'ignore* ____________________ *a écrit dans sa lettre adressée à ses parents.*
3. *Je ne comprends pas* ____________________ *l'empêche de téléphoner.*
4. *Cœur qui soupire n'a pas* ____________________ *désire.*

? *empêcher:* verhindern; *soupirer:* seufzen.

151 Relativpronomen: *lequel* (statt *qui*)

La poupée ***avec laquelle*** *Sandrine joue …*

C'est un projet ***sur lequel*** *nous fondons des espoirs.*

> *lequel, laquelle, lesquels, lesquelles* werden gebraucht, wenn eine Präposition vorausgeht (außer wenn es sich um *de* und *à* handelt).
>
> 1. Hinweis: Wenn das Beziehungswort eine Person ist, wird statt *lequel* meistens *qui* gebraucht:
> *Sandrine invite quelques amies* ***avec lesquelles/avec qui*** *elle s'entend bien.*
>
> 2. Hinweis: Statt *dans lequel* gebraucht man *où*:
> *Paris est la ville* ***où*** *je suis né.*

Le président du Sénégal, Abdou Drouf, a été reçu hier, à l'Elysée, par le président François Mitterrand avec lequel il a évoqué la préparation du sommet francophone de Dakar.

? *fonder des espoirs:* Hoffnungen setzen.

152 Relativpronomen: *qui / que*

Les touristes

qui *sont arrivés … (qui:* Subjekt)

que *je vois dans la rue … (que: Objekt)*

La lettre

qui *est arrivée … (qui:* Subjekt)

que *je lis … (que:* Objekt)

> *qui* ist Subjekt im Relativsatz.
>
> *que* ist direktes Objekt im Relativsatz.

Test 151

Complétez:

1. *C'est une Mercédès pour*

 ___________________ *M. Dubois a payé beaucoup d'argent.*

2. *Qui est la personne à*

 ___________________ *vous venez de parler?*

3. *Y a-t-il des idéaux pour*

 ___________________ *vous seriez prêt à risquer votre vie?*

> Une personne a été tuée et soixante-dix autres blessées, dont vingt grièvement atteintes, hier après-midi dans un carambolage impliquant vingt-trois véhicules dont deux poids lourds, à Tournus (Saône-et-Loire), sur l'autoroute A 6, sur laquelle la circulation a été interrompue dans les deux sens.

? *grièvement atteint:* schwer verletzt; *poids lourd:* Lkw; *interrompre:* unterbrechen.

Test 152

Ajoutez «qui» ou «que»:

1. *La voiture* *a)* __________ *j'ai achetée …*
 b) __________ *est très confortable …*
 c) __________ *m'a coûté cher …*
 d) __________ *je montre à mes amis …*

2. *C'est M. Dubois* *a)* __________ *je connais depuis longtemps …*
 b) __________ *est directeur chez Renault …*
 c) __________ *a deux enfants …*
 d) __________ *j'attends …*

> ● **Poupées au château de Rohan, à Josselin (Morbihan) :** une exposition qui rassemble cinq cents pièces, des très belles du XVIIe siècle à celles personnalisées du XVIIIe siècle en bois et en cire. D'autres à tête de porcelaine. Et des poupées modernes, parmi lesquelles la célèbre Barbie. Une collection commencée il y a trois générations par la duchesse Herminie de Rohan.

? *exposition:* Ausstellung; *rassembler:* vereinigen; *cire:* Wachs; *duchesse:* Herzogin.

153 Relativpronomen: *qui/qu'il*

*un homme **qui** est riche*	*un homme **qu'il** connaît*
*les choses **qui** sont intéressantes*	*les choses **qu'il** trouve intéressantes*

Unterscheide

qui (Relativpronomen) ist Subjekt im Relativsatz.

qu'il setzt sich zusammen aus *que (*Relativpronomen als Objekt) und *il.*

→ *ce qui/ce qu'il* (Kap. 150)

154 Relativpronomen: *qui*

Personen	**Aber Englisch**
les touristes ***qui** sont arrivés …*	the tourists **who** arrived …
Sachen	
la lettre ***qui** est arrivée …*	the letter **which** arrived …

Im Gegensatz zum Englischen wird beim französischen Relativpronomen *qui* nicht zwischen Personen und Sachen unterschieden. Es heißt immer *qui.*

155 *responsable de*

	Aber Deutsch
*Il est responsable **de** l'échec.*	Er ist **für** den Misserfolg verantwortlich.
	Aber Englisch
	He is responsible **for** the failure.

Beachte: *être responsable **de** qc* (ϟ nicht: ~~*pour qc*~~!)

? *échec:* Misserfolg.

Test 153

Complétez:

Eric discute avec son père.
Voici un argument

1. ______________ *est bon.*

2. ______________ *doit accepter, son père.*

3. ______________ *trouve convaincant.*

4. ______________ *prouve qu'Eric a raison.*

EMPLOYEE DE BUREAU
Un métier qui permet de gagner rapidement sa vie (nombreux débouchés dans les entreprises industrielles et commerciales).

? *convaincant:* überzeugend; *prouver:* beweisen; *avoir raison:* recht haben; *débouché:* Berufsmöglichkeit.

Test 154

Complétez:

1. *les visiteurs* ______________ *sont dans ce musée …*

2. *les objets d'art* ______________ *sont dans ce musée …*

3. *les gardiens* ______________ *sont dans ce musée …*

4. *les tableaux* ______________ *sont dans ce musée …*

Napoléon: une figure qui depuis toujours a fasciné les historiens.

? *objet d'art:* Kunstgegenstand; *gardien:* Wächter.

Test 155

Complétez:

1. *Les parents sont responsables* ______________ *leurs enfants.*

2. *Le directeur est responsable* ______________ *gestion de l'entreprise.*

3. *Vous êtes responsable* ______________ *dégâts.*

? *responsable:* verantwortlich; *la gestion:* die Geschäftsführung; *dégâts:* Schäden.

156 *seul / seulement* („nur“)

seul	*seulement*
*Lui **seul** est venu.*	*Il travaille **seulement.***
***Seuls** les faits comptent.*	*Il travaille **seulement** le soir.*
*Dieu **seul** peut faire quelque chose.*	*Il boit **seulement** du vin blanc.*

Aber Deutsch

Nur er ist gekommen.	Er arbeitet **nur.**

> Wenn das Subjekt eingeschränkt wird, steht *seul*, sonst *seulement.*
>
> *seul* kann vor oder hinter dem Nomen stehen, aber nur hinter dem Pronomen.

? *compter:* zählen.

157 *si* („wenn“, „ob“, „so“, „doch“)

	Französisch	Deutsch	Englisch
***si** j'étais à ta place …*	***si***	**= wenn**	**= if**
***si** vous êtes d'accord …*			
*Il demande **si** tu es capable de traduire ce texte.*	***si***	**= ob**	**= if**
*J'ignore **si** elle vient aujourd'hui ou demain.*			
*Le vent souffle **si** fort …*	***si***	**= so**	**= so**
*Elle est **si** heureuse …*			
*Personne n'est venu? **Si**, Alain.*	***si***	**= doch**	**= of course**
*Tu n'as plus de vin? **Si**.*			

> Unterscheide die verschiedenen Bedeutungen von *si*: „wenn“, „ob“, „so“, „doch“.

? *souffler:* wehen.

Test 156

Ajoutez «seul» ou «seulement»:

1. *Toi* ______________________ *es mon ami.*
2. *Vous* ______________________ *êtes capables de nous aider.*
3. *J'ai été à Paris, mais* ______________________ *trois jours.*
4. *Un* ______________________ *motif me pousse à agir.*
5. *Mes parents arrivent* ______________________ *dans deux jours.*

Test 157

Traduisez «si» en allemand:

1. *Cela ne t'intéresse pas? **Si!***

   ____

2. *C'est **si** triste.*

   ____

3. *Excusez-moi **si** je vous dérange.*

   ____

4. ***Si** j'étais en vacances, j'irais à la plage.*

   ____

5. *On se demande **si** c'est vraiment nécessaire.*

   ____

AUTOMOBILISTES : la ceinture de sécurité n'empêche pas l'accident, mais atténue les conséquences.
Il y a eu dernièrement un tribunal qui a réduit, diminué l'indemnité qui revenait à une victime pour le motif suivant : si cette victime avait mis sa ceinture, elle aurait été moins grièvement atteinte.

? *déranger:* stören.

158 *si*-Satz (Irrealis)

	Aber Deutsch
S'il ***avait*** *plus d'argent,* *il achèterait une villa.*	Wenn er mehr Geld **hätte**, …
S'il ***avait*** *cette villa,* *il serait content.*	Wenn er diese Villa **hätte**, …

> Im irrealen *si*-Satz, der sich auf die Gegenwart bezieht, steht das **Imperfekt**, im Hauptsatz das Konditional.

159 *si/tant* („so")

beim Adjektiv/Adverb	**beim Verb**
C'est ***si*** *bon.*	*Il travaille* ***tant****.*
Elle chante ***si*** *bien.*	*Elle souffre* ***tant****.*
Il joue ***si*** *mal.*	*Il a* ***tant*** *crié.*

> Unterscheide
>
> *si* „so" beim Adjektiv/Adverb
> *tant* „so" beim Verb

160 Stammerweiterung der Verben auf *-ir*

Präsens

*nous fin**iss**ons*
*vous fin**iss**ez*
*ils fin**iss**ent*

Subjonctif

*que je fin**iss**e*
*que tu fin**iss**es …*

Imperfekt

*je fin**iss**ais*
*tu fin**iss**ais*
*il fin**iss**ait*
*nous fin**iss**ions*
*vous fin**iss**iez*
*ils fin**iss**aient*

Imperativ

*fin**iss**ons*
*fin**iss**ez*

Partizip Präsens

*fin**iss**ant*

> Folgende Formen der Verben auf ***-ir*** haben die Stammerweiterung ***-iss-*** :
>
> Präsens (nur Plural), Subjonctif, Imperfekt, Imperativ (nur Plural), Partizip Präsens.

Test 158

Complétez:

1. *Si j'*____________________ *(être) vous,*

   *j'*____________________ *(agir) autrement.*

2. *Si Dieu n'*____________________ *pas (exister),*

   il ____________________ *(falloir) l'inventer.*

? *inventer:* erfinden.

Test 159

Ajoutez «si» ou «tant»:

1. *Ne mange pas* ____________ .

2. *Le temps est mauvais,*

   il a ____________ *plu.*

3.

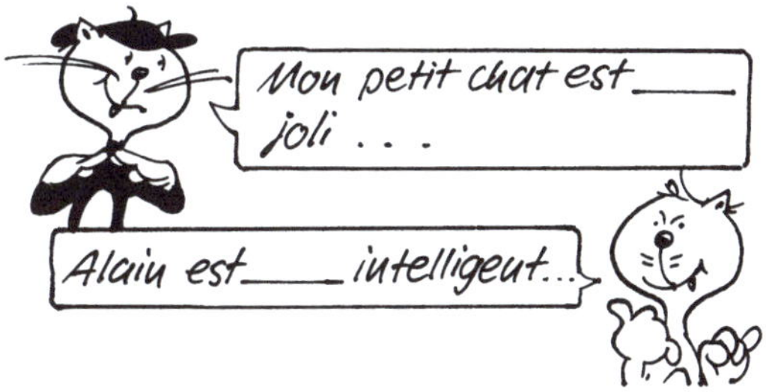

Test 160

Complétez:

1. *Présent:*

   *je chois*__________________ , *nous chois*__________________ ,

   *ils chois*__________________

2. *Imparfait:*

   *je chois*__________________ , *tu chois*__________________ , *ils chois*__________________

3. *Fin*__________________*ons cette tasse de café avant de partir.*

4. *Chois*__________________*ez l'un ou l'autre.*

5. *Ce n'est ni le moment ni l'endroit de discuter: ag*__________________*ez!*

Subjonctif

161 Subjonctif: *je ne crois / pense pas que*

*Je crois que c'**est** possible.*
*Je pense qu'une solution **est** facile à trouver.*

*Je ne crois pas que ce **soit** possible.*
*Je pense pas qu'une solution **soit** facile à trouver.*

> Nach **verneinten** Verben des Denkens und Meinens steht im *que*-Satz der Subjonctif.

162 Subjonctif: nach Konjunktionen

Je vais téléphoner à Sylvie ***avant que** je **parte**.*
Je vais téléphoner à Sylvie ***pour qu'**elle **sache** l'heure de mon arrivée.*

> Es gibt eine Reihe von Konjunktionen, nach denen automatisch der Subjonctif stehen muss. Einige der wichtigsten findest du in der folgenden Liste.

bien que	obwohl
quoique	obwohl
à condition que	unter der Bedingung, dass
pourvu que	vorausgesetzt, dass
sans que	ohne dass
jusqu'à ce que	bis
avant que	bevor
pour que	damit
afin que	damit

Hinweis: Diese Konjunktionen wirken zwar ein wenig schwerfällig, aber wenn man sie gebraucht, muss man an den Subjonctif denken.

Test 161

Complétez les phrases:

1. – *C'est trop dangereux?*
   – *Oui, peut-être. Mon père croit que __________ trop dangereux.*

   Mais moi, je ne crois pas que ______________ trop dangereux.

2. – *C'est trop difficile?*
   – *Oui, ma sœur pense que __________________ trop difficile.*

   Mais moi, je ne pense pas que _____________ trop difficile.

Test 162

Complétez les phrases:

1. *Il faut attendre jusqu'à ce que mon ami ____________. (revenir)*
2. *J'ai attendu longtemps sans que mon ami ____________ revenu. (être)*
3. *Il aurait dû téléphoner pour que nous ____________ quand il reviendra. (savoir)*
4. *Nous ferons une excursion pourvu qu'il ____________ beau demain. (faire)*
5. *Maintenant je vais me promener*

   quoiqu'il ____________ un peu. (pleuvoir)

   avant qu'il (ne) ____________. (pleuvoir)

   à condition qu'il ne ____________ pas trop. (pleuvoir)

   parce qu'il ne ____________ pas. (pleuvoir)

163 Subjonctif: Relativsatz

*C'est le roman **le plus captivant** que j'**aie** jamais lu.*

*C'est le **meilleur** ami que je **connaisse**.*

Nach Superlativen steht im Relativsatz der Subjonctif.

164 Subjonctif: ϟ *espérer que*

	Vergleiche
*J'**espère** que tu **vas** bien.*	*Je **veux** que tu **viennes** ce soir.*
*J'**espère** que tu **viendras** ce soir.*	*J'**attends** que tu **sois** là.*

Nach *espérer que* steht kein Subjonctif!

165 Subjonctif: ϟ indirekte Rede

	Aber Deutsch
Elle dit	Sie sagt,
*qu'elle **est** venue trop tard.*	dass sie zu spät gekommen **sei**.
Elle dit	Sie sagt,
*qu'elle **a** entendu le bruit.*	dass sie das Geräusch gehört **habe**.

Im Französischen steht in der indirekten Rede
kein Subjonctif.

Test 163

Complétez les phrases:

1. *C'est le meilleur film que j'_______________ vu depuis longtemps.*
2. *Sandrine est la plus belle fille que je _________________________ (connaître).*
3. *C'est la plus grande déception que j'_______________ eue.*

? *déception:* Enttäuschung.

Test 164

Complétez:

1. *J'espère que tout ___________________ (se passer) bien.*
2. *Il espère que nous ___________________ (être) là à l'heure.*
3. *J'espère que vous ___________________ (être) content, monsieur*
4. *Je ne suis pas sûr que vous ___________________ (être) content.*

? *à l'heure:* pünktlich.

Test 165

Complétez:

Sandrine parle à sa mère.

1. *Elle dit que son ami ___________________ (avoir) téléphoné.*
2. *Elle ajoute que son ami ___________________ (venir) ce soir.*

Subjonctif: unregelmäßige Formen (Tabelle)

aller	*que j'aille, que tu ailles, qu'il aille*
	que nous allions, que vous alliez, qu'ils aillent
avoir	*que j'aie, que tu aies, qu'il* ***ait***
	que nous ayons, que vous ayez, qu'ils aient
être	*que je* ***sois****, que tu* ***sois****, qu'il* ***soit***
	que nous soyons, que vous soyez, qu'ils soient
faire	*que je fasse, que tu fasses, qu'il fasse*
	que nous fassions, que vous fassiez, qu'ils fassent
falloir	*qu'il faille*
pleuvoir	*qu'il pleuve*
pouvoir	*que je puisse, que tu puisses, qu'il puisse*
	que nous puissions, que vous puissiez, qu'ils puissent
savoir	*que je sache, que tu saches, qu'il sache*
	que nous sachions, que vous sachiez, qu'ils sachent
valoir	*qu'il vaille*
vouloir	*que je veuille, que tu veuilles, qu'il veuille*
	que nous voulions, que vous vouliez, qu'ils veuillent

? *valoir:* wert sein.

166 *succès*

	Aber Englisch
*avoir du succè**s***	to have succe**ss**
*sans succè**s***	without succe**ss**

succès schreibt man hinten ***-ès***.

Test zur Tabelle

Complétez:

1. *aller:* *qu'il* ____________, *que vous* ____________

2. *être:* *qu'il* ____________, *que vous* ____________

3. *savoir:* *qu'il* ____________, *que vous* ____________

4. *faire:* *qu'il* ____________, *que vous* ____________

5. *vouloir:* *qu'il* ____________, *que vous* ____________

6. *pouvoir:* *qu'il* ____________, *que vous* ____________

7.

Test 166

Traduisez:

1. Erfolg haben: ____________________

2. ohne Erfolg: ____________________

3. mit Erfolg: ____________________

4. Erfolge davontragen: ____________________

? davontragen: *remporter.*

167 *suivre qn*

	Aber Deutsch
*Les touristes **suivent** le guide.*	Die Touristen folgen **dem** Führer.
*Je **suis** les autres.*	Ich folge **den** anderen.

> Beachte: jemandem folgen: *suivre **qn*** (ϟ nicht: ~~à qn~~!)

→ *aider qn* (Kap. 13)

ϟ **Achtung:** *suis* ist gleichzeitig eine Verbform von *suivre* und von *être.*

suivre	***être***
*Je **suis** les autres.* (Ich **folge** den anderen.)	*Je **suis** malade.* (Ich **bin** krank.)

168 *sur / sûr*

„sicher"	**„auf …"**
*J'en suis **sûr**.*	***sur** la table*
*Elle est **sûre** de réussir.*	***sur** la route*

> Unterscheide
>
> *sûr* mit Accent circonflexe „sicher"
> *sur* ohne Accent circonflexe „auf"

169 Tageszeiten, Wochentage

***le** matin*	*= chaque matin, tous les matins*
***le** soir*	*= chaque soir, tous les soirs*
***le** dimanche*	*= chaque dimanche, tous les dimanches*
***ce** matin*	*= aujourd'hui, pendant la matinée*
***ce** soir*	*= aujourd'hui, pendant la soirée*
***ce** dimanche*	*(= aujourd'hui)*
dimanche	*= dimanche dernier/prochain*

> Unterscheide
>
> *le matin* jeden Morgen
> *ce matin* heute Morgen …

Test 167

Complétez:

1. *Il marchait le premier, ses camarades*

 _________ *suivaient. (ihm)*

2. *Le chasseur suit _________ cerf à la trace.*

3. *Le policier suit _________ voleur.*

? *cerf:* Hirsch; *trace:* Spur; *voleur:* Dieb.

Test 168

Ajoutez «sur» ou «sûr»:

1. *J'en suis absolument _________ .*

2. *Je l'affirme _________ mon honneur.*

3. *remettre les objets de valeur en mains _________es*

4. *Etes-vous _________ d'arriver à temps?*

Test 169

Traduisez:

1. jeden Morgen: ______________________________

2. heute Morgen: ______________________________

3. Heute Nachmittag und heute Abend hat es geregnet.

 ____

4. Sandrine geht jeden Sonntag mit Eric aus.

 Sandrine sort ______________________________

5. Herr Dubois ist letzten Sonntag gekommen.

 ____

Teilungsartikel

170 Teilungsartikel: *de* nach Mengenangaben

Nach Mengenangabe	Ohne Mengenangabe
Il a ***beaucoup de*** *difficultés.*	*Il a* ***des*** *difficultés.*
Il fait ***tant de*** *fautes.*	*Il fait* ***des*** *fautes.*
Elle mange ***un peu de*** *soupe.*	*Elle mange* ***de la*** *soupe.*
Elle boit ***un verre d'****eau minérale.*	*Elle boit* ***de l'****eau minérale.*
Elle achète ***un kilo de*** *bananes.*	*Elle achète* ***des*** *bananes.*

> Nach Mengenangaben steht nur *de*.

↯ **Achtung Ausnahmen:** nach *bien, la plupart* (→ Kap. 171)

171 Teilungsartikel: ↯ nach *bien, la plupart*

avoir ***bien du*** *travail*	***la plupart du*** *temps*
avoir ***bien de la*** *chance*	***la plupart des*** *élèves*
voir ***bien des*** *visiteurs*	***la plupart des*** *hommes*

> Nach den Mengenangaben *bien* (= „ziemlich viel“) und *la plupart* (= „die meisten“) stehen *du, de l', de la, des.*
> (↯ nicht nur *de* wie nach anderen Mengenangaben, → Kap. 170)

172 Teilungsartikel: *de* nach Verneinung

Ohne Verneinung	Nach Verneinung
Il y a ***des*** *difficultés.*	*Il n'y a* ***pas de*** *difficultés.*
Elle fait ***des*** *fautes.*	*Elle ne fait* ***pas de*** *fautes.*
Elle boit ***du*** *café.*	*Elle ne boit* ***pas de*** *café.*

> Nach *pas* steht nur *de*.

↯ **Achtung Ausnahmen:** nach verneintem *être* (→ Kap. 173)

Test 170

Complétez:

1. *Sandrine a _________ amis /* *beaucoup _________ amis.*
2. *Il s'est produit _________ accidents /* *tant _________ accidents.*
3. *Il est tombé _________ neige /* *un peu _________ neige.*
4. *Il fait _________ fautes /* *trop _________ fautes.*
5. *Nous avons encore _________ temps /* *assez _________ temps.*
6. *Il faut acheter _________ beurre /* *500 grammes _________ beurre.*

CINQ MILLIARDS D'HUMAINS

Selon les statistiques des Nations unies, la Terre comptera cette année plus de cinq milliards d'êtres humains. Sa population augmente chaque jour de 220 000 habitants.

? *augmenter:* größer werden; *la neige:* der Schnee.

Test 171

Complétez:

1. *beaucoup _________ Français*
2. *la plupart _________ Français*
3. *la plupart _________ personnel est en grève*
4. *lire beaucoup _________ romans*
5. *avoir bien _________ romans de Simenon*
6. *posséder bien _________ livres*

? *Simenon:* französischsprachiger Kriminalschriftsteller aus Belgien.

Test 172

Complétez:

1. *J'ai _________ argent. Il n'a pas _________ argent.*
2. *Je fais _________ fautes. Il ne fait pas _________ fautes.*
3. *Il n'y a pas _________ fumée sans feu.*
4. *L'argent n'a pas _________ odeur.*

LA CROIX-ROUGE

ne connaît pas de distinction de race, de nationalité, de croyance

? *fumée:* Rauch; *odeur:* Geruch.

173 Teilungsartikel: ϟ verneintes *être*

*Ce **sont des** amis.*	*Ce **ne sont pas des** amis.*
*C'**est du** vin?*	*Ce **n'est pas du** vin.*

> Wenn *être* verneint wird, steht nach *pas*:
> *du, de l', de la, des.*
> (ϟ nicht nur *de* wie sonst nach Verneinungen, → Kap. 172)

174 Teilungsartikel: Redewendungen ohne Artikel

avoir ✘ *faim, avoir* ✘ *soif*

avoir ✘ *raison, avoir* ✘ *tort*

avoir ✘ *honte, avoir* ✘ *peur, faire* ✘ *peur*

avoir ✘ *confiance, avoir* ✘ *pitié, faire* ✘ *pitié*

avoir ✘ *envie*

faire ✘ *plaisir à qn*

faire ✘ *preuve de qc*

perdre ✘ *patience, perdre* ✘ *courage*

prendre ✘ *part*

rendre ✘ *justice, se rendre* ✘ *compte de qc …*

> Diese Redewendungen stehen ohne Artikel und ohne Teilungsartikel.

? *avoir tort:* unrecht haben; *avoir honte:* sich schämen; *avoir envie:* Lust haben; *faire preuve:* unter Beweis stellen; *perdre patience:* die Geduld verlieren; *se rendre compte:* einsehen, bemerken.

Test 173

Complétez:

1. – *Qu'est-ce que c'est?* ______ *cidre?*
2. – *Non, ce n'est pas* ______ *cidre, c'est* ______ *jus de pommes.*
3. – *A mon avis, ce n'est pas* ______ *jus de pommes,*

   c'est ______ *vin mousseux.*

> **Sans lait**
>
> **Il ressemble au yaourt, mais ce n'est pas du yaourt. Pas une goutte de lait dans sa composition. Seulement du soja et rien que ça. Parfums ? Framboise-passion, abricot-goyave et aux morceaux de fruits**

? *cidre:* prickelnder Apfelwein aus der Normandie; *jus de pommes:* Apfelsaft; *vin mousseux:* Schaumwein, Sekt; *goutte:* Tropfen; *framboise:* Himbeere; *passion:* Passionsfrucht; *goyave:* tropische Frucht.

Test 174

Complétez:

1. *J'ai* __________ *envie de rester sur la terrasse.*
2. *J'ai* __________ *faim. Tu as* __________ *pommes?*
3. *J'ai* __________ *soif. Tu as* __________ *eau minérale?*
4. *J'ai* __________ *confiance en mes amis.*
5. *Il me faut beaucoup* __________ *confiance, dans cette situation difficile.*

175 Teilungsartikel: ↯ nach *sans*

	Vergleiche
sans ✘ *amis*	*avec* ***des*** *amis*
sans ✘ *argent*	
sans ✘ *permission*	
sans ✘ *doute*	

Nach *sans* steht kein Artikel und kein Teilungsartikel.

176 *téléphoner à qn*

	Aber Deutsch
Elle téléphone ***à*** *son ami.*	Sie telefoniert **mit** ihrem Freund.

Beachte: *téléphoner à qn* (↯ nicht: ~~*avec qn*~~!)

177 *texte*

	Aber Deutsch
*le text**e***	der Text✘
	Aber Englisch
	the text✘

texte wird im Französischen hinten mit ***-e*** geschrieben.

Test 175

Complétez:

1. *C'est une maison sans _________ confort.*

2. *sans _________ exception*

3. *Ce biscuit est fait avec _________ beurre.*

4. *faire tout le voyage sans _________ accident*

? *exception:* Ausnahme; *rôti de porc:* Schweinebraten.

Test 176

Complétez:

1. *Il faut téléphoner _______ Sandrine, _______ directeur.*

2. *N'oublie pas de téléphoner _______ M. Dubois.*

Test 177

Complétez:

1. *lire le _____________*

2. *expliquer le _____________*

3. *un _____________ tapé à la machine*

4. *Il faut corriger le _____________ .*

? *taper:* tippen.

178 *le tour / la tour*

	Aber Deutsch
le *tour de France*	**die** Tour de France
la *tour Eiffel*	**der** Eiffelturm

Unterscheide

le tour die Tour
la tour der Turm

179 *tout ce / tous*

„alles (was)"	**„alle"**
Tout ce *qui est possible ...*	***Tous*** *sont là.*
Elle m'a dit ***tout ce*** *qu'elle a entendu.*	*Je les vois* ***tous****.*

Unterscheide

tout ce + Relativsatz alles (was)
tous [tus] alle
(Beachte, dass das ***-s*** gesprochen wird.)

→ *tout* + Relativsatz (Kap. 182)

180 *tout de suite, tout à l'heure*

tout ✘ *de suite*

tout ✘ *à l'heure*

In diesen beiden Ausdrücken wird *tout* ohne ***-e*** geschrieben.

Test 178

Ajoutez l'article:

1. _______ *tour Eiffel a 100 ans.*

2. *faire* _______ *tour du monde*

3. _______ *tour de Babel*

4. _______ *tour de la cathédrale*

5. *faire* _______ *tour du jardin pour admirer les fleurs*

> **Le dimanche 31 mars 1889, Gustave Eiffel, après deux ans, deux mois et cinq jours de chantier, inaugurait sa tour après en avoir gravi les 1.710 marches !**

? *chantier:* Baustelle; *inaugurer:* einweihen; *gravir:* hinaufsteigen.

Test 179

Complétez:

1. *Tou*_________ *qu'il a dit est faux.*

2. *Tou*_________ *ont compris.*

3. *Je les ai invités tou*_________ .

4. *C'est tou*_________ *que j'ai pu faire.*

– Et alors, pour mon beau-frère, vous pouvez apporter tout ce qui figure dans les deux colonnes.

? *colonne:* Spalte.

Test 180

Complétez:

1. *Alain était là* ___________________ *l'heure.* 2. *Il va revenir* ___________________ *suite.*

3. *Tu as vu l'accident* ___________________ *l'heure?* 4. *La police est arrivée* ___________________ *suite.*

181 *tout le monde*

	Aber Deutsch
*Tout le monde **est** prêt.*	Alle **sind** fertig.
*Tout le monde vous **connaît.***	Alle **kennen** euch.

Nach *tout le monde* steht das Verb im Singular.

182 *tout* + Relativsatz

	Aber Deutsch
*Je salue tous **ceux** qui sont venus.*	(… alle, ✘ die gekommen sind.)
*Voilà toutes **celles** que je connais.*	(… alle, ✘ die ich kenne.)
*Elle sait tout **ce** qui se passe ici.*	(… alles, ✘ was hier passiert.)

Zwischen *tous* und dem Relativsatz steht *ceux*,
zwischen *toutes* und dem Relativsatz: *celles*
und zwischen *tout* und dem Relativsatz: *ce*.

→ *tout ce/tous* (Kap. 179)

183 Trema

l'égoïste, haïr, le maïs, naïf, Noël …

Das Trema (¨; frz. *le tréma*) zeigt an, dass beide Vokale einzeln gesprochen werden.

→ *haïr* (Kap. 88)

? *maïs:* Mais; *Noël:* Weihnachten.

Test 181

Complétez:

1. *Tout le monde* ____________ *là? (être)*
2. *Tout le monde* ____________ *d'accord? (être)*
3. *Tout le monde* ____________ *ce film. (aimer)*
4. *Tous* ____________ *compris? (avoir)*

Test 182

Complétez:

1. *Mme Collin a un kiosque près de la plage, où elle vend tout* ____________ *dont les touristes ont besoin.*
2. *Elle parle à tous* ____________ *qui sont venus chez elle.*
3. *Elle sait tout* ____________ *qui se passe à la plage.*
4. *Elle remarque tout* ____________ *qui se passe autour d'elle.*

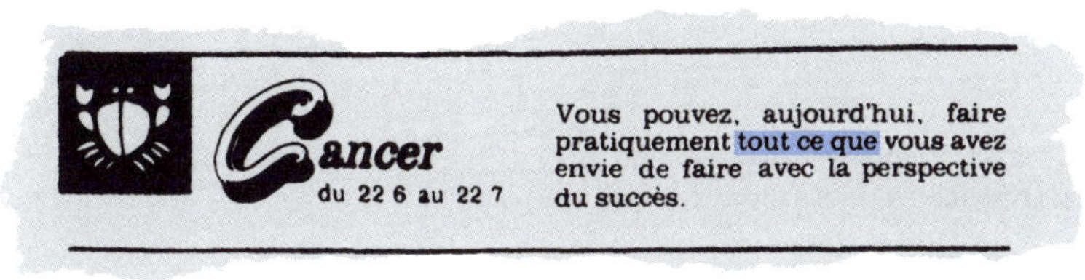

Test 183

Complétez:

1. *les vacances de No___l*
2. *dire tout na___vement ce qu'on pense*
3. *Julien est un grand égo___ste.*

184 *-tt-* oder *-t-* in Verbformen

Präsens	**Futur**	**Konditional**
*je je**tt**e*	*je je**tt**erai*	*je je**tt**erais*
*tu je**tt**es*	*tu je**tt**eras*	*tu je**tt**erais*
*il je**tt**e*	*il je**tt**era*	*il je**tt**erait*
*nous je**t**ons*	*nous je**tt**erons*	*nous je**tt**erions*
*vous je**t**ez*	*vous je**tt**erez*	*vous je**tt**eriez*
*ils je**tt**ent*	*ils je**tt**eront*	*ils je**tt**eraient*

Ebenso: *feuilleter* (blättern), *projeter* (planen), *rejeter* (zurückweisen), *souffleter* (ohrfeigen) …

> Bei diesen Verben steht ***-tt-*** im Präsens (außer 1./2. Person Plural), im Futur, im Konditional.

Beachte: Das Verb *regretter* wird in allen Formen mit ***-tt-*** geschrieben.

→ weitere Verben auf ***-er*** mit Besonderheiten (Kap. 4, 42, 69, 73, 84, 96, 110)

185 *venir (de) faire qc*

„kommen, um etwas zu tun“	**„gerade etwas getan haben“**
Il vient ✗ *m'aider.*	*Elle vient **d'**arriver.*
Elle vient ✗ *chercher son parapluie.*	*Elle vient **de** sortir.*

> Unterscheide:
>
> *venir* ✗ *faire qc* — kommen, um etwas zu tun
> *venir **de** faire qc* — gerade etwas getan haben

Test 184

Ajoutez les formes du verbe «jeter»:

1. *Présent:*

   je ____________________ *, nous* ____________________ *, ils* ____________________

2. *Futur:*

   je ____________________ *, nous* ____________________ *, ils* ____________________

3. *Conditionnel: il* ____________________

4. *Elle je*_______*e les fleurs fanées.*

5. *Tu je*_______*es la lettre dans la corbeille à papier.*

6. *Il ne faut pas je*_______*er l'argent par les fenêtres.*

– A quoi ça sert d'être ministre de la Culture quand vous n'êtes pas capable de me dire si «regretter» prend un «t» ou deux!

? *jeter:* (auch) wegwerfen; *fané:* verwelkt; *corbeille à papier:* Papierkorb.

Test 185

Complétez:

1. *Je viens* _______ *recevoir une lettre.*

2. *Quand vous êtes à Paris, ne manquez pas de venir* _______ *me voir.*

3. *Mais quand je suis arrivé, il venait* _______ *partir.*

NOUVEAU PARKING BOULEVARD DE LA BASTILLE

Pas facile de trouver une place de stationnement dans le quartier de la Bastille ! Afin de remédier à ce problème, la Ville de Paris vient de décider la construction sous le boulevard de la Bastille, entre les rues Lacuée et Biscornet, d'un nouveau parking qui, sur trois niveaux, comprendra 360 places.

? *stationnement:* Parken; *quartier:* Stadtteil; *remédier:* Abhilfe schaffen.

186 *ver / verre / vers / vert* (= Aussprache [vɛr]).

le ***ver*** *de terre*	der Regen**wurm**
un ***verre*** *d'eau*	ein **Glas** Wasser
écrire des ***vers***	**Verse** schreiben
se diriger ***vers*** *le sud*	sich **nach** Süden wenden
le feu ***vert***	das **grüne** Licht

Unterscheide die Bedeutung dieser gleich gesprochenen Wörter!

187 Vergleich mit *que/comme*

Sandrine est plus grande ***que*** *moi.*

François travaille moins vite ***que*** *ses camarades.*

Julien parle ***comme*** *un idiot.*

Sandrine est blonde ***comme*** *sa mère.*

Wenn dem Vergleich ein hinweisendes Wort vorausgeht, steht *que*.

Wenn kein hinweisendes Wort vorausgeht, steht *comme*.

Verneinung

188 Verneinung: „auch nicht"

M. Dubois n'a pas été blessé dans cet accident, sa femme ***non plus****.* (= „... auch nicht".)

„auch nicht" ist zu übersetzen mit *non plus*.

Test 186

Complétez:

1. *prendre un* ______________ *de vin*
2. *Cette pomme* ______________ *est pleine*

   de ______________ .
3. *aimer la littérature: les* ______________ *et la prose*
4. *descendre* ______________ *le lac pour se mettre au soleil*

Test 187

Ajoutez «que» ou «comme»:

1. *Cette maison est grande* ____________________ *un palais.*
2. *Cette maison est plus grande* ____________________ *un palais.*
3. *Le stationnement à Paris est plus difficile*

   ____________________ *dans les autres villes de France.*
4. *Tout s'est passé* ____________________ *je l'avais prédit.*

Chaque année, 22 000 personnes, parmi lesquelles 700 enfants, meurent à la suite d'un accident « stupide ». Deux fois plus de victimes « à la maison » que sur les routes...

? *prédire:* voraussagen; *stupide:* dumm; *victime:* Opfer.

Test 188

Traduisez les phrases allemandes:

1. *Tu n'as pas entendu la sonnette?* (Ich habe sie auch nicht gehört.)

   ____

2. *Tu n'aimes pas danser?* (Ich auch nicht.) ______________________________

? *sonnette:* Klingel.

189 Verneinung: *ne pas* + Infinitiv

Etre ou ***ne pas*** *être …*

Je me suis dépêché pour ***ne pas*** *être en retard.*

Il vaut mieux ***ne pas*** *arriver trop tôt.*

> **BAIGNADE : ne pas se plonger dans un lac de montagne après s'être exposé au soleil. L'eau de surface peut être à 22 degrés, mais celle qui se trouve à 1 mètre plus bas est parfois à 6 degrés.**

ne pas steht vor dem verneinten Infinitiv.

? *baignade:* Baden; *surface:* Oberfläche; *degré:* Grad.

190 Verneinung: *non pas*

Je parle de Sandrine et ***non pas*** *de sa sœur.*

Elle aime Olivier et ***non pas*** *Eric.*

Elle est belle et ***non pas*** *laide.*

non pas gebraucht man, wenn von zwei Begriffen einer verneint wird.

Hinweis: Statt *non pas* gebraucht man in gehobener Sprache nur *non* und in der Umgangssprache nur *pas*.

191 Verneinung: *personne (ne)*

Subjekt	Objekt	alleinstehend
Personne n'*est venu.*	*Je* ***ne*** *vois* ***personne****.*	*Y a-t-il quelqu'un?*
Personne ne *le sait.*	*Il* ***n'****y a* ***personne****.*	*Non,* ***personne****.*

Unterscheide

„niemand“ (Subjekt)	*personne ne …* (ohne *pas*!)
„niemand“ (Objekt)	*ne … personne* (ohne *pas*!)
„niemand“ (allein stehend)	*personne* (ohne *ne*!)

Test 189

Complétez:

1. *Sandrine a promis à sa mère de*

   ________________ *rentrer trop tard.*

2. *Je n'ai rien dit pour* ________________ *vous inquiéter.*

? *stationner:* parken.

Test 190

Complétez:

1. *Alain a la grippe et* ____________________ *une pneumonie.*
2. *C'est mon argent et* ____________________ *le vôtre.*
3. *C'est un conseil et* ____________________ *un ordre.*
4. *Ma tante a écrit une lettre et* ____________________ *une carte.*

? *pneumonie:* Lungenentzündung; *ordre:* Befehl.

Test 191

Traduisez:

1. Ich habe es niemandem gesagt.

   ____

2. Ich kenne niemanden.

   ____

3. Niemand ist verletzt.

   ____

? verletzt: *blessé.*

192 Verneinung: von *quelqu'un*

*Tu veux voir **quelqu'un**?*	⟶	*Non, je **ne** veux voir **personne**.*
*Elle parle à **quelqu'un**?*	⟶	*Elle **ne** parle à **personne**.*
*Y a-t-il **quelqu'un**?*	⟶	*Non, **personne**.*

> Die Verneinung von *quelqu'un* ist *personne*.
> (ϟ ~~*pas quelqu'un*~~ gibt es nicht!)

193 Verneinung: *rien (ne)*

Subjekt	**Objekt**	**alleinstehend**
Rien ne *s'est passé.*	*Il **ne** remarque **rien**.*	*Tu entends quelque chose?*
Rien ne *va plus.*	*Il **n'**entend **rien**.*	*Non, **rien**.*

> Unterscheide
>
> | | |
> |---|---|
> | „nichts" (Subjekt) | *rien ne…* (ohne *pas*!) |
> | „nichts" (Objekt) | *ne…rien* (ohne *pas*!) |
> | „nichts" (allein stehend) | *rien* (ohne *ne*!) |

Test 192

Complétez:

1. *Tu attends quelqu'un?*

   Non, je ______________________________

2. *Tu entends quelqu'un?*

   Non, je ______________________________

3. *Y a-t-il quelqu'un qui pourrait me renseigner?*

   Non, il ______________________________

? *renseigner:* Auskunft geben.

Test 193

Traduisez:

1. Ich sehe nichts.

   ____

2. Ich habe nichts gefunden.

   ____

3. Nichts gefällt ihm.

   ____

4. Wer nichts riskiert, hat nichts.

   ____

194 Verneinung: von *quelque chose*

*Tu cherches **quelque chose**?*	→ *Non, je **ne** cherche **rien**.*
*Il voit **quelque chose**?*	→ *Non, il **ne** voit **rien**.*
*Elle revient pour dire **quelque chose**?*	→ *Elle revient **sans rien** dire.*

Die Verneinung von *quelque chose* ist *rien*.
(ϟ ~~*pas quelque chose*~~ ist falsch!)

195 *visiter / aller voir, venir voir*

„besichtigen"	**„besuchen"**
*On **visite** le musée.*	*Il **va voir** ses amis.*
***visiter** le château*	***aller voir** son oncle*
	*Il **vient** me **voir** tous les jours.*

Aber Englisch

He **visits** the museum.	He **visits** his friends.

Unterscheide

visiter	besichtigen
aller voir	besuchen (gehen)
venir voir	besuchen (kommen)

196 *voir*

voir	*croi**re***
	*boi**re***

voir = „sehen" wird ohne ***-e*** geschrieben.
(*voire* bedeutet „sogar").

Test 194

Complétez:

1. *Tu attends quelque chose? Non, je* ______________________________

2. *Quelque chose t'inquiète? Non,* ______________________________

3. *Peut-on faire quelque chose? Non, on* ______________________________

4. *Il s'est passé quelque chose d'extraordinaire? Non, il* ____________________

? *inquiéter:* beunruhigen.

Test 195

Complétez:

1. *Les touristes* ____________________ *les châteaux de la Loire.*

2. *Je* ____________________ *mon cousin à Strasbourg.*

3. *Est-ce que tu as* ____________________ *la cathédrale?*

4. *Sandrine* ____________________ *les parents de son ami.*

Test 196

Complétez:

1. *Il faut absolument v*__________ *ce beau film.*

2. *Elle est fière de se v*__________ *admirée de tout le monde.*

3. *Il ne faut pas cr*__________ *tout ce qu'on entend.*

? *fier, fière:* stolz.

197 *voir / regarder*

„sehen“	**„hinsehen“**
voir *un accident*	***regarder*** *les blessés*
voir *un ami dans la rue*	***regarder*** *l'émission de variétés*

Unterscheide

voir	sehen
regarder	bewusst hinsehen

? *émission de variétés:* Show.

Zahlen

198 Zahlen: *quatre*

*deu**x** élèves*	
*troi**s** élèves*	**Vergleiche**
quatre *élèves*	*les autre**s** élèves*
quatre *pays*	*les pays neutre**s***

quatre bekommt kein ***-s***.

Test 197

Ajoutez «voir» ou «regarder»:

1. *Je ne* ____________________ *rien dans cette obscurité.*

2. *Elle* ____________________ *sa montre pour savoir quelle heure il est.*

3. *Le chien* ____________________ *son maître pour savoir ce qu'il faut faire.*

4. *Mme Dubois a mis sa nouvelle robe, elle se* ____________________ *dans le miroir.*

? *obscurité:* Dunkelheit; *miroir:* Spiegel.

Test 198

Complétez:

1. *Inviter* ____________________ *(4) personnes.*

2. *Il mange comme* ____________________ *(4).*

3. *Elle lui a dit ses* ____________________ *(4) vérités.*

Le maître:
– Cite-moi dix animaux vivant en Afrique.
L'élève:
– Un rhinocéros, deux lions, trois éléphants et quatre girafes.

? *citer:* zitieren, nennen.

199 Zahlen: mit/ohne *-s*

mit **-s**	ohne **-s**	Aber Englisch
quatre-vingts	*quatre-vingt*✗*-dix*	two hundred✗
deux cents	*deux cent*✗ *dix*	two thousand✗
	deux mille✗	two million✗
deux millions		
deux millions dix		

> Beachte
>
> *quatre-vingt(s)* und *cent(s)* haben nur ein **-s**, wenn keine weitere Zahl folgt.
>
> *mille* hat nie ein **-s**.
>
> *million* hat in der Mehrzahl immer ein **-s**.

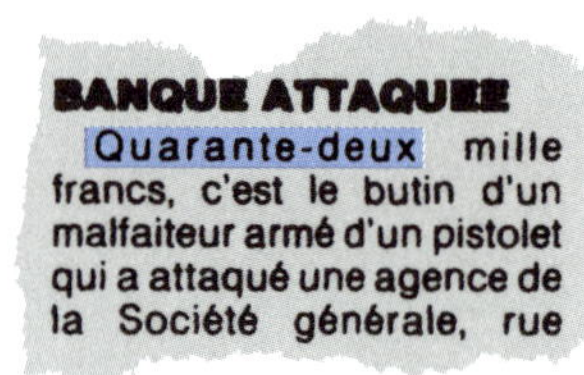
BANQUE ATTAQUEE
Quarante-deux mille francs, c'est le butin d'un malfaiteur armé d'un pistolet qui a attaqué une agence de la Société générale, rue

? *butin:* Beute; *agence:* Zweigstelle.

200 Zahlen: *siècle*

	Aber Deutsch
le ***XVI***^{e} *siècle*	das **16.** Jahrhundert
le ***XX***^{e} *siècle*	das **20.** Jahrhundert

> Die Jahrhunderte werden im Französischen mit römischen Zahlen angegeben.

Test 199

Complétez:

1. *quatre-vingt___*

2. *quatre-vingt___-dix-neuf*

3. *cent___ ans*

4. *deux cent___*

5. *le monde en l'an deux mille___*

6. *toucher deux million___ à la loterie nationale*

7. *faire plus de cinq cent___ kilomètres dans la journée*

VINGT-CINQ ans après sa mort, Edith Piaf vaut toujours de l'or : un album de compilation de ses plus grandes chansons vient en effet d'obtenir coup sur coup un disque d'or (100.000 exemplaires) et un disque de platine (300.000 exemplaires).

? *Edith Piaf:* französische Chansonsängerin; *compilation:* Zusammenstellung, hier: Auswahl.

Test 200

Complétez:

1. *la littérature classique du* ________ *siècle* (17. Jh.)

2. *Victor Hugo a vécu au* ________ *siècle.* (19. Jh.)

3. *la seconde moitié du* ________ *siècle* (20. Jh.)

CHATEAUNEUF-SUR-CHER
(Cher)

Costumes Louis XV pour un spectacle équestre dans la cour d'honneur du château, lequel a été construit au XVIe siècle.

Tous les jours, à 17 h 30, jusqu'au 4 septembre. Entrée 50 F avec la visite.

? *spectacle équestre:* Vorführung mit Pferden; *Victor Hugo:* französischer Dichter.

mentor Lernhilfe

Französisch

Vorsicht Fehler!

200 typische Französischfehler erkennen und vermeiden

Diethard Lübke

Lösungsteil

In Zusammenarbeit mit Langenscheidt

mentor
Eine Klasse besser.

Hinweis: Der *Conseil supérieur de la langue française* empffiehlt seit 1990 kleinere Änderungen zu einigen Bereichen der französischen Rechtschreibung, die allerdings nicht verbindlich sind. Beide Schreibweisen, sowohl die alte als auch die neue, sind also korrekt. Es bleibt abzuwarten, ob sich die neuen Schreibweisen durchsetzen werden. Ausführliche Informationen über die vorgeschlagenen Änderungen findet man auf Französisch unter www.orthogrape-recommandee.info.

Lösungen zu den einzelnen Tests

Test 1
a / à

1. aller à Paris. 2. 100 kilomètres à l'heure.
3. être prêt à partir. 4. Ce livre est à moi.
5. Je ne comprends pas pourquoi Alain a donné tant d'argent à Jean.

Test 2
à / de / en

1. J'écris une carte postale à Sandrine et à son frère.
2. J'ai été à Nice et à Cannes. 3. J'ai voyagé en France et en Italie.

Test 3
à / en

1. aller à Paris. 2. aller en France. 3. passer ses vacances au Canada.
4. faire un voyage à Rome, en Italie

Test 4
acheter, etc.

1. Présent: j'achète, nous achetons, ils achètent
2. Futur: j'achèterai, nous achèterons, ils achèteront
3. Conditionnel: il achèterait 4. J'achète un livre dans une librairie.
5. Papa achète un jouet à son enfant.
6. Maman va acheter des légumes au marché.

Adjektive

Test 5
... auf *-e*

1. Xavier est un jeune homme aimable.
2. M. Dubois est malade depuis deux jours; il est difficile de le remplacer.
3. Ce petit appartement est confortable. 4. M. Covin est responsable.
5. Renoir était un peintre français célèbre.

Test 6
... auf *-s*

1. porter un manteau gris. 2. Le ciel n'est pas bleu, il est gris.
3. un touriste anglais et un touriste français.
4. Le café n'est pas bon, il est mauvais.

Test 7
... beau/bel, etc.

1. (beau ...) Voici Isabelle: a) Elle a un beau visage, b) une belle peau, c) de beaux yeux, d) une belle bouche, e) de belles dents. f) Elle a de beaux cheveux. g) Elle porte un beau costume folklorique.
2. (beau ...) a) admirer un beau paysage b) C'est un bel arbre c) une belle nuit d) un bel après-midi e) une belle matinée
3. (nouveau ...) a) la mode nouvelle b) une nouvelle édition de ce livre c) le Nouveau Monde d) les nouveaux mariés e) le nouvel élu
4. (vieux ...) a) la vieille ville b) C'est une vieille histoire. c) un vieil arbre d) On a conduit la vieille dame à l'hôpital.

Test 8
... Stellung beim Nomen

1. un bon roman 2. un roman intéressant
3. un mauvais roman 4. une belle maison
5. une vieille maison 6. une petite maison.

Test 9
… Veränderlichkeit

1. un petit appartement 2. une petite voiture 3. une petite somme d'argent 4. une petite ville 5. J'aime mon petit chat.

Adjektiv / Adverb

Test 10
… Unterscheidung

1. «prudent» ou «prudemment»: a) un conducteur prudent (adj.) b) Il conduit prudemment. (adv.) c) un alpiniste prudent (adj.)
2. «poli» ou «poliment»: a) saluer poliment ses amis (adv.) b) un jeune homme poli (adj.) c) refuser poliment une invitation (adv.)
3. «bon» ou «bien»: a) chercher un bon hôtel (adj.) b) Le lit est bon. (adj.) c) J'ai bien dormi. (adv.)
4. «mauvais» ou «mal»: a) Le temps est mauvais; il pleut. (adj.) b) Le moment est mal choisi. (adv.) c) Les affaires vont mal. (adv.)
5. «rapide» ou «vite»: a) Ce train rapide roule très vite. (adj. + adv.) b) prendre une décision trop rapide. (adj.)

Test 11
… unregelmäßige Steigerung

1. Alain est un bon copain; il est mon meilleur ami.
2. Je l'aime bien, je l'aime mieux que les autres.
3. Nous passons beaucoup de temps ensemble; je passe avec lui plus de temps qu'avec mes autres camarades.

Test zur Tabelle
… unregelmäßige Adverbien

				1 P					
				R	2 F				
				U	O				
				D	R				
				E	C				
3 É	N	O	R	M	É	M	E	N	T
4 R	É	C	E	M	M	E	N	T	
				E	E				
				N	N				
				T	T				

Test 12
agir

1. De quoi s'agit-il dans ce roman?
2. Dans ce roman, il s'agit d'un grand amour.
3. Dans ce chapitre, il s'agit de la première rencontre des deux amoureux.

Test 13
aider qn

1. J'aide ma mère. 2. J'aide mon père. 3. Je l'aide. 4. J'aide mes amis. 5. Je les aide.

Test 14
Altersangaben

1. a) Sandrine a vingt ans. b) Son ami a vingt-cinq ans.
2. Il avait soixante ans au moment de sa mort.

Test 15 **Anführungszeichen**

1. croire au «progrès» de l'humanité
2. Nous avons lu la fable «Le loup et l'agneau» de La Fontaine.
3. Selon La Fontaine: «La raison du plus fort est toujours la meilleure.»

Apostroph

Test 16 **... ↯ *le héros***

1. J'ai vu un film avec Jean Gabin; j'aime le héros de ce film.
2. Jeanne d'Arc est l'héroïne nationale des Français.
3. J'admire l'héroïsme des Bourgeois de Calais.

Test 17 **... ↯ *les huit, etc.***

1. le onze novembre 2. le onze de France (= l'équipe de football)
3. le oui au référendum 4. Cette affaire est à la une de tous les journaux.
5. L'union fait la force.

Test 18 **... bei *que***

1. Qui a téléphoné? 2. Qui êtes-vous? 3. C'est Sandrine qui est partie?
4. Avec qui est-elle partie? 5. Voici la lettre qu'elle a écrite.
6. Qu'allez-vous faire?

Test 19 **... bei *si***

1. Si elle est d'accord ... 2. S'il est aussi d'accord ... 3. Si elle les avait vus ...
4. S'ils les avaient vus ...

Test 20 ***s'approcher de***

1. approcher la tasse de ses lèvres 2. approcher la table de la fenêtre
3. Alain s'approche du but.

Test 21 ***après / après que***

1. Après le repas... 2. Après que le repas fut fini...
3. Après la fin de la messe... 4. Après la guerre...
5. Après que tout fut fini... 6. Après que tous les invités eurent quitté la salle...

Artikel

Test 22 **... Automarken**

1. Tu achètes une Peugeot? 2. Moi, j'ai une Volkswagen.
3. M. Dubois est très content de sa Citroën.

Test 23 **... Eigennamen**

1. «à», «au»: a) parler au patron b) parler à M. Dupont c) téléphoner au directeur d) téléphoner à Jean e) téléphoner à Madame Dubois
2. «de», «de l'»: a) C'est l'adresse de Sandrine. b) Voici l'adresse de Mme Dubois. c) Tu as l'adresse de l'hôtel?

Test 24 **... Ländernamen**

1. la France 2. le Canada 3. le Luxembourg 4. la Suisse 5. la Belgique
6. la Pologne 7. la Chine 8. le Japon 9. le Pérou

Test 25 **... Nomen auf *-age***

1. faire un reportage 2. lire une page de ce livre 3. citer un passage
4. avoir un garage 5. un nuage 6. faire un mariage d'amour

Test 26
... Nomen auf *-eur*

1. le moteur 2. le directeur 3. la douleur 4. la grandeur 5. l'auteur (m) 6. le visiteur 7. la fraîcheur 8. le bonheur 9. le malheur 10. la vapeur 11. la longueur 12. la chaleur

Sont féminins: la douleur, la grandeur, la fraîcheur, la vapeur, la longueur, la chaleur.
Sont masculins: le moteur, le directeur, l'auteur, le visiteur, le bonheur, le malheur.

Test 27
... Nomen auf *-té*

1. une amitié sincère 2. Alain, malgré ses défauts, a un côté sympathique.
3. Voici un député de la majorité.
4. parler avec une simplicité qui touche le cœur.

Test 28
aussi

1. Mon ami aime aussi la musique. 2. Il me connaît aussi.
3. Aussi ai-je beaucoup de CDs. 4. Aussi a-t-il du succès.

Test 29
Aussprache *-er*

1. cher [ʃɛr] *2. chère* [ʃɛr] *3. boucher* [buʃe] *4. coucher* [kuʃe] *5. confier* [kõfje] *6. fier* [fjɛr] *7. amer* [amɛr]

Test 30
Aussprache *-eu-*

On prononce [y]*: 3. elle a eu froid, 5. tout à coup elle eut une idée.*

Test 31
autre

1. Puis j'ai vu d'autres Porsches.
2. Mon père se souvient aussi des autres voyages à la Martinique.

Test 32
avant / devant

1. Où est le bureau de poste? Devant la mairie?
2. Non, le bureau de poste est juste devant l'église.
3. Philippe est arrivé avant Sandrine.

Test 33
avant / avant que

1. Je l'ai vu avant le dîner. 2. Il est rentré avant midi.
3. Il est rentré avant qu'il pleuve. 4. Viens vite avant qu'il soit trop tard.
5. préparer tout avant l'arrivée des invités
6. préparer tout avant que les invités arrivent

avoir / être

Test 34
... *avoir* in zusammengesetzten Zeiten

1. Mon frère a été en Espagne 2. Il a nagé toute la journée.
3. Il a plongé. 4. Il a voyagé avec ma tante.
5. J'ai accompagné mon frère et ma tante à l'aéroport.
6. L'avion a décollé à 2 heures. 7. L'avion est arrivé à l'heure.

Test 35
... *être* in zusammengesetzten Zeiten

1. Mme Dubois a sorti sa Renault du garage. 2. Elle est arrivée au centre commercial; une demi-heure après, elle en est repartie. 3. Elle a monté un grand sac dans sa voiture. 4. Elle est retournée à la maison. 5. Quand elle est entrée dans la maison, elle s'est aperçue qu'elle avait oublié un cadeau pour son mari qui est né le 18 mai.

Test 36
***... être* bei reflexiven Verben**

1. Elle s'est informée. 2. Elle s'est fâchée.
3. Mme Dubois s'est promenée en ville. 4. La voiture s'est arrêtée.

Test 37
... zusammengesetzte Zeiten von *être*

1. – Pendant les vacances, j'ai été sur la Côte d'Azur. 2. – Tu as été content?
3. – Oui, mais mon amie a été malade pendant trois jours.
4. Nous avons été obligés de rentrer plus tôt.

Test 38
avoir besoin de

1. Tu as besoin de ce livre? 2. Non, je n'ai pas besoin de ce livre.
3. Pour acheter une moto, Frédéric a besoin de beaucoup d'argent.
4. Pour traduire ce texte difficile, j'ai besoin d'un bon dictionnaire.
5. Isabelle est fatiguée, elle a besoin de dormir.

Test 39
avoir raison / avoir le droit

1. Sandrine ne se trompe pas, elle a raison. 2. Tu as raison de protester, parce que moi, je ne suis pas d'accord non plus.
3. On n'a pas le droit de stationner devant l'hôtel.

Test 40
beaucoup

1. Sandrine est beaucoup plus jeune que son ami. 2. Alain lit beaucoup.
3. Il s'est produit beaucoup d'accidents à ce carrefour.

Test 41
-ç- oder -c-

1. aimer la langue française 2. J'ai aperçu un ami dans la rue. 3. prendre des leçons de danse 4. danser avec Françoise 5. merci beaucoup, madame.

Test 42
-ç- oder -c- in Verbformen

1. Présent: je commence, nous commençons, ils commencent
2. Imparfait: je commençais, nous commencions, ils commençaient
3. Nous commençons la visite de la ville par le château.
4. Les repas commençaient par des hors-d'œuvres variés.

Test 43
caractère

1. analyser le caractère de ce personnage du roman 2. Voici un trait caractéristique de ce personnage. 3. Il a un bon caractère.

Test 44
ce / se

1. Elle s'est réveillée ce matin à six heures. 2. Ce chapitre se compose de deux parties. 3. J'ai lu ce passage à la page vingt. 4. J'ai réfléchi à ce qui s'est passé.

Test 45
ces / ses

1. – Où sont mes valises? demande M. Dubois. M. Dubois cherche ses valises.
2. – Ces valises sont à vous, monsieur?
3. Mme Dubois n'a pas ses clefs. 4. Elle cherche ses clefs partout.
5. Son mari trouve des clefs. – Ces clefs sont à toi, Brigitte?

Test 46
chaque / chacun / quelqu'un

1. chacun d'entre nous 2. chaque membre de la famille
3. Chacun le dit. 4. Quelqu'un vous a demandé, monsieur?
5. À chacun ses idées.

Test 47
cher / bon marché

1. Ces produits sont chers / bon marché. 2. Ces marchandises sont chères / bon marché. 3. Les pommes de terre sont chères / bon marché. 4. La viande est chère / bon marché.

Test 48
chez

1. Je vais chez le coiffeur, 2. chez le boulanger, 3. chez le boucher et 4. chez le dentiste. 5. Je vais aussi à la poste. 6. Ensuite je vais chez la voisine.

Test 49
ciseaux etc.

1. chercher les ciseaux 2. porter des lunettes 3. étudier les mathématiques 4. deux paires de lunettes

Test 50
comme / comment

1. blanc comme la neige 2. rapide comme l'éclair 3. Comment écrit-on ce nom? 4. Je ne sais pas comment on écrit ce nom. 5. Comment trouvez-vous ce roman?

Test 51
conduire / aller

1. Sandrine et moi, nous allons en voiture à Paris.
2. Où allez-vous pendant les vacances?
3. Voici mon permis de conduire.
4. M. Duval conduit très prudemment.
5. Aujourd'hui il a trop bu, c'est donc sa femme qui conduit.

Test 52
côté / côte

1. On peut entrer dans la maison par le côté gauche. 2. passer ses vacances sur la Côte d'Azur 3. En Bretagne, la côte est rocheuse. 4. Voici le côté ensoleillé du jardin. 5. prendre la vie du bon côté

Test 53
couleur / peinture

1. un tube de peinture verte 2. une robe de couleur rouge 3. des photos en couleurs 4. La peinture commmence à sécher. 5. acheter de la peinture à l'huile 6. C'est de la peinture.

Test 54
créer

1. Ce romancier a créé des personnages très vrais.
2. M. Dubois possède une usine que son grand-père a créée.
3. Cette collection de mode est créée par un grand couturier parisien.
4. Le prix littéraire le plus célèbre est celui que Nobel a créé.

Test 55
de

1. parler de M. Dubois. 2. Ils s'entretiennent de Pierre. 3. s'informer du prix.
4. Il faut que je prévienne mon oncle Jules de l'heure de mon arrivée.
5. Elle a ri de cette plaisanterie. 6. Je me réjouis du bon résultat.
7. Chacun se moque d'Alain et de sa bêtise. 8. Il se plaint de l'injustice.
9. Je suis étonné de cette lettre aimable.

Test 56
décider à/de

1. Tu t'es décidé à rester ici?
2. Non, je me suis décidé à participer à l'excursion.
3. Je suis décidé à venir avec toi.
4. J'ai décidé de tenter ma chance.

Test 57
demander à qn

1. J'ai demandé ce livre au libraire. 2. Je lui ai demandé ce livre. 3. Frédéric a demandé conseil à son ami. 4. Il lui a demandé conseil. 5. Alain a demandé à Sandrine et à Isabelle de venir à la fête du village. 6. Il leur a demandé de venir à la fête.

Demonstrativpronomen

Test 58
… ce / il / cela

1. Il fait nuit. 2. Il pleut depuis une heure. 3. Il me reste encore du temps libre. 4. Cela ne me plaît pas. 5. Cela me laisse indifférent. 6. C'est trop difficile pour moi. 7. C'est possible. 8. Il n'y a pas de règle sans exception.

Test 59
… ce / c'est

1. cet ami 2. ce camarade de classe 3. cet ancien camarade de classe 4. cet enfant 5. C'est un enfant de dix ans. 6. corriger cette erreur 7. C'est une erreur. 8. C'est un texte qui est difficile à comprendre. 9. C'est une faute qui n'est pas grave.

Test 60
… celui(-ci)

1. Je cherche une cravate: Celle-ci est très jolie. 2. Que dis-tu? Je préfère celle-ci. 3. Elle ressemble à celle de mon père. 4. Tu cherches un nouvel appartement? Oui, celui que j'ai maintenant est trop petit. 5. As-tu vu celui de M. Dubois? Celui-ci est magnifique et pas très cher.

Test 61
… ces

1. cette dame / ces dames 2. ce visiteur / ces visiteurs 3. ce touriste / ces touristes (wenn es sich um Touristinnen handelt: *cette touriste / ces touristes*) *4. cet ami / ces amis 5. cette question / ces questions 6. ce chat / ces chats*

Test 62
depuis / depuis que

1. Le vent souffle depuis deux jours. 2. Il pleut depuis ce matin. 3. Il pleut depuis que nous sommes arrivés. 4. Depuis cet accident, mon père est infirme. 5. Depuis qu'il a eu cet accident, il n'a plus voulu conduire.

Test 63
des / dès

1. Dès le jour où il a appris ce malheur, il a des soucis. 2. Je serai à Paris dès le 15 mai. 3. J'y serai avec des amis.

Test 64
désirer / souhaiter

1. – Bonjour, madame, que désirez-vous?
2. – Je désire un kilo de bananes.
3. – Vous désirez encore quelque chose?
4. – Eh bien, je vous souhaite un bon voyage.

Test 65
Direkte Rede

1. Maman demande: – Quand seras-tu de retour?
2. Isabelle répond: – Avant minuit, maman.
3. – Très bien, je vais t'attendre, dit sa mère.

Test 66
-é, -ez, -er

1. Voulez-vous danser? 2. Vous dansez très bien, mademoiselle. 3. J'aime danser la valse. 4. Elle a dansé toute la soirée. 5. J'ai dansé avec Isabelle.

Test 67
écouter / entendre

1. Alain entend mal de l'oreille gauche. 2. Tu n'as pas entendu la sonnette d'alarme? 3. C'est un plaisir d'écouter cette musique. 4. écouter le discours du président de la République

Test 68
eh / et

1. – Eh bien, on peut commencer. 2. – Eh! attendez un peu. 3. – Sandrine et Isabelle manquent encore. 4. – Eh bien, attendons encore quelques minutes.

Test 69
employer, etc.

1. Présent: j'emploie, nous employons, ils emploient 2. Futur: j'emploierai, nous emploierons, ils emploieront 3. Conditionnel: il emploierait
4. Les Dubois emploient une femme de ménage.
5. Cette entreprise emploie de la main-d'œuvre étrangère.

Test 70
employer / user

1. Il ne faut pas employer ce mot vulgaire.
2. M. Duval a usé son veston aux coudes.
3. Il faut bien employer son temps.
4. Cette expression ne s'emploie plus.

Test 71
ensemble

1. Nous allons ensemble au restaurant.
2. Nous y avons déjeuné tous ensemble.
3. Ils sont partis ensemble, et moi, je reste seul.

Test 72
entrer dans, sortir de

1. Des visiteurs entrent dans le musée. 2. D'autres visiteurs sortent du musée.
3. Vers quatre heures, les élèves sortent de l'école.
4. Un grand bateau entre dans le port.

Test 73
espérer, etc.

1. Présent: j'espère, nous espérons, ils espèrent 2. Futur: j'espérerai, nous espérerons, ils espéreront 3. Conditionnel: il espérerait
4. Il espère encore. 5. Il faut l'espérer. 6. Nous espérons vous voir à la fête.
7. Elle espère en l'avenir.

Test 74
et / est

1. parler lentement et distinctement 2. M. Dubois est Français. 3. lui et les autres 4. M. Dubois vient avec sa fille et son fils. 5. les frères et les sœurs

Test 75
étrange / étranger

1. Cette nuit, j'ai entendu un bruit étrange. 2. A la frontière attendent les camions étrangers. 3. apprendre une langue étrangère 4. Tout le monde m'a regardé d'un air étrange.

Test 76
exemple

1. Voici un exemple. 2. Donner un bon exemple. 3. par exemple
4. Vous voulez encore un autre exemple?

Test 77
foi / foie / fois

1. aller une ou deux fois par mois au restaurant 2. la dernière fois
3. Il ne faut pas parler tous à la fois. 4. manger du foie gras
5. Il n'y a que la foi qui sauve. 6. être sans foi ni loi (= n'avoir aucune morale)

Fragesätze

Test 78
… Bindestrich bei Inversionsfragen

1. A qui as-tu téléphoné? 2. A qui voulez-vous parler? 3. Qu'as-tu dit? 4. Que faut-il en penser? 5. Avez-vous compris? 6. A qui faut-il s'adresser? 7. Qu'y a-t-il? 8. Où va-t-elle?

Test 79
… indirekte Frage

1. Tu connais la raison pour laquelle Sandrine est absente? Tu sais la raison qui explique l'absence de Sandrine? 2. La raison de la démission du ministre est … La raison qui explique la démission du ministre est … La raison pour laquelle le ministre a démissionné …

Test 80
… was (?)

1. Que fais-tu? / Qu'est-ce que tu fais? 2. Je veux savoir ce que tu fais. 3. Je me suis demandé ce que tu faisais tous les jours. 4. Qu'as-tu vu? / Qu'est-ce que tu as vu? 5. Dis-moi ce que tu as vu. 6. Je ne sais pas ce que tu as vu.

Futur

Test 81
… Bildung

1. Nous irons au restaurant. 2. Je choisirai un bon restaurant. 3. J'inviterai Eric et Sylvie. 4. Nous parlerons de leur voyage en Amérique.

Test zur Tabelle
… unregelmäßige Formen

1. aller: elle ira 2. faire: nous ferons 3. courir: je courrai
4. pouvoir: ils pourront 5. venir: tu viendras 6. être: nous serons
7. savoir: elle saura 8. voir: il verra 9. mourir: elle mourra
10. tenir: elle tiendra 11. avoir: il aura 12. vouloir: vous voudrez

Test 82
futur / avenir

1. Ce jeune homme aura un bel avenir. 2. L'électronique est une carrière d'avenir. 3. espérer en un avenir meilleur 4. le futur simple (par exemple: je viendrai) 5. la vie future (après la mort)

Test 83
-ge-

1. manger une orange 2. boire une orangeade 3. Le temps a été changeant. 4. nager comme un poisson 5. traverser la rivière en nageant 6. Les premiers résultats étaient encourageants.

Test 84
***-ge-* in Verbformen**

1. Présent: je mange, nous mangeons, ils mangent 2. Imparfait: je mangeais, nous mangions, ils mangeaient 3. Qu'est-ce que nous mangeons aujourd'hui? 4. Allons manger au restaurant.

Großschreibung

Test 85
… Adjektive

1. la mer Rouge 2. l'océan Indien 3. la Forêt Noire 4. les départements français 5. le territoire national

Test 86
… abgeleitete Nomen

1. la langue française 2. la langue parlée par les Français 3. le territoire français 4. la République française 5. écrire une lettre en français à une belle Française

Test 87 ***-gu-***

1. Je suis fatigué après cette longue route. 2. Après la visite, on donne un pourboire au guide. 3. Apprendre la langue française.

Test 88 ***haïr***

1. Présent: je hais, nous haïssons, ils haïssent 2. Imparfait: il haïssait. Passé composé: il a haï 3. haïr ses ennemis 4. Nous haïssons la guerre. 5. Ces deux hommes se haïssent.

Imperativ

Test 89 **… 2. Pers. Sg.**

1. Viens ici. 2. Ecoute bien. 3. Ne fais pas de bêtises. 4. Attends. 5. Reste là. 6. Ne bouge pas.

Test zur Tabelle **… unregelmäßige Formen**

1. Sois sage.
2. Aie de la patience.
3. Va vite dans ta chambre.
4. Sachez-le.

Test 90 ***s'intéresser à***

1. Sandrine s'intéresse à tout: 2. à la politique, à la peinture. 3. Elle s'intéresse aussi à la littérature. 4. Je m'intéresse beaucoup à ce que tu fais.

Test 91 ***jouer à / de***

1. jouer au tennis 2. jouer au football 3. jouer du Beethoven et du Chopin 4. jouer un rôle dans cette pièce de théâtre

Test 92 ***jusqu'à / jusqu'à ce que***

1. Jusqu'à ce soir … 2. Jusqu'à ce que nous soyons prêts … 3. Jusqu'à la fin du spectacle … 4. Jusqu'à ce que le spectacle finisse … 5. Jusqu'à ce qu'elle ait reçu cette lettre … 6. Attendez ici jusqu'à ce que je revienne.

Test 93 ***la / là***

1. J'ai passé mes vacances là où tu as été l'année dernière. 2. Il faut aller là-bas. 3. Ce n'est pas loin de là. 4. Tu vois la maison blanche? 5. Je la vois très bien. 6. Madame n'est pas là.

Test 94 ***laisser / faire***

1. Pour les vacances, je fais venir mes amis. 2. Elle fait pousser des fleurs dans son jardin. 3. Cela me laisse tout à fait indifférent. 4. C'est un remède qui fait dormir.

Test 95 ***littérature***

1. aimer la littérature 2. étudier la littérature française 3. Voici une «Histoire de la littérature». 4. C'est un texte littéraire.

Test 96 ***-l-* oder *-ll-* in Verbformen**

1. Présent: j'appelle, nous appelons, ils appellent 2. Futur: j'appellerai, nous appellerons, ils appelleront 3. Conditionnel: il appellerait 4. Il faut appeler la police. 5. Ce monsieur s'appelle Duval. 6. M. Dubois appelle son chien.

Test 97 ***marier***

1. se marier à l'église 2. André se marie avec Colette. 3. Jean se mariera avec Brigitte. 4. M. Legrand s'est marié avec une institutrice.

Test 98
Maßangaben

1. 200 grammes 2. 20 kilos 3. 500 euros 4. 1000 mètres 5. il est deux heures 6. trois heures plus tard

Test 99
mentir à qn

1. Sylvie ment à sa mère. 2. Elle lui a menti. 3. Il ne faut pas mentir à ses parents.

Test 100
le mort / la mort

1. trouver la mort dans un accident 2. Il y a un mort et deux blessés. 3. Une femme a échappé à la mort. 4. Elle est très triste depuis la mort de son mari. 5. hériter de l'argent à la mort de son oncle

Test 101
s'occuper de

1. De quoi t'occupes-tu? 2. Je m'occupe de mon jardin, de la musique, etc. 3. Mon père est médecin, il s'occupe de ses malades. 4. Ma mère est à la maison; elle s'occupe du ménage.

Test 102
ou / où

1. Est-elle là ou pas? 2. Où est-elle? 3. Je me demande où elle est allée. 4. Dans cette direction ou dans l'autre? 5. Je ne sais pas où elle habite.

Test 103
la partie / le parti

1. être membre d'un parti politique 2. le congrès d'un parti 3. pendant la première partie du congrès … 4. Une partie des délégués a voté contre. 5. les partis de gauche

Partizip Perfekt

Test 104
… bei *avoir*

1. J'ai bien reçu la lettre que vous m'avez envoyée.
2. Les photos que vous avez ajoutées sont très belles. 3. Tu les as vues?
4. Je les ai montrées à ma mère. 5. Quelle drôle d'idée il a eue!

Test 105
… bei *être*

1. La villa a été louée pour deux semaines 2. Mes amis sont venus hier soir. 3. Sandrine et Isabelle sont allées à la plage. 4. Sais-tu quand Sandrine est née?

Test 106
… bei reflexiven Verben

1. Raconte comment les choses se sont passées. 2. Nous nous sommes promenés. 3. Sandrine s'est ennuyée. 4. Elle s'est trompée. 5. Elle s'est peigné les beaux cheveux. 6. Voici la moto que Pierre s'est achetée. 7. Elle s'est informée par minitel de l'heure du départ.

Test 107
… *dû, due*

1. Je me suis égaré, j'ai dû prendre l'autre route.
2. Sa réussite est due à son travail.
3. Alain aurait dû m'indiquer la bonne route.

Test 108
… auf [i]

1. conduire: elle a conduit 2. suivre: il a suivi 3. écrire: j'ai écrit
4. dire: tu as dit 5. rire: elle a ri 6. prendre: j'ai pris 7. mettre: tu as mis

Test 109
Partizip Präsens

1. retourner: retournant 2. dormir: dormant 3. pouvoir: pouvant 4. recevoir: recevant 5. prendre: prenant 6. avoir: ayant 7. être: étant 8. apprendre: apprenant 9. savoir: sachant

Test 110
payer, etc.

1. Présent: je paie / je paye, nous payons, ils paient / ils payent 2. Après le repas avec son ami, M. Dubois dit: c'est moi qui paie / paye. 3. M. Dubois paie / paye par chèque. 4. Une autre fois, c'est son ami qui paie / paye.

Test 111
pendant / pendant que

1. Pendant les vacances … 2. Pendant que nous étions en vacances … 3. Il a été malade pendant trois jours. 4. Pendant qu' il était malade, le docteur est venu deux fois.

Test 112
3. Pers. Präs. / Nomen

1. Il emploie souvent ce mot. 2. entendre un cri 3. Je désire une voiture confortable. 4. Le désir d'avoir une nouvelle voiture. 5. J'essaie des voitures. 6. se mettre au travail

Personalpronomen

Test 113
… ind. Objektpronomen

1. Je m'adresse à lui. 2. Je lui pose la question. 3. Cette voiture est à lui. 4. Je pense à eux.

Test 114
… ***moi, toi, lui, eux***

1. Lui aussi, il a vu ce film. 2. Lui seul n'était pas content. 3. Il me l'a dit. 4. Lui et Alain, ils travaillent ensemble. 5. Lui, après avoir attendu 10 minutes, est parti.

Test 115
… Objektpronomen beim Infinitiv

1. Je t'aide. 2. Je veux t'aider. 3. Je t'ai aidé. 4. Je vais t'aider. 5. Je t'aiderai.

Test 116
… Objektpronomen ***lui***

1. Je discute avec elle. 2. Je lui demande. 3. Je lui réponds. 4. Je lui pose des questions. 5. Nous parlons d'elle. 6. Nous parlons de lui.

Test 117
… „sie"

1. Je la connais, c'est Sandrine. 2. Je ne sais pas si elle me connaît. 3. Je l'ai vue (!) à Paris. 4. Je connais aussi ses frères, ils habitent Paris. 5. Je lui ai adressé la lettre. 6. Quand me répondra-t-elle?

Test 118
… Verb im Relativsatz

1. C'est vous qui êtes le patron? 2. C'est toi qui t'appelles Alain?

Test 119
***… vous* (Höflichkeitsform)**

1. Vous vous êtes bien amusée, mademoiselle?
2. Vous vous êtes bien amusés, messieurs-dames?
3. Vous êtes satisfaite, madame?

Test 120
***… vous* (Subjekt / Objekt)**

1. Voilà Sandrine que vous attendez. 2. Voilà Claudine qui vous attend. 3. J'espère que je vous rencontre demain à cette fête. 4. Ces photos vous donnent une idée de la beauté du château.

Test 121
personne / personnage

1. Plusieurs personnes ont été blessées dans cet accident. 2. les enfants et les grandes personnes 3. C'est une comédie à trois personnages. 4. Voici la liste des acteurs qui jouent les personnages. 5. un lit pour deux personnes

Test 122
peu / peut

1. Je suis pressé, j'ai très peu de temps. 2. Mon frère travaille peu à la maison. 3. Mon oncle viendra peut-être demain. 4. On ne peut pas déchiffrer sa lettre. 5. Il se peut que je me sois trompé. 6. C'est peut-être faux.

Test 123
pleuvoir / pleurer

1. Il pleut. 2. Elle pleure. 3. l'enfant qui a pleuré 4. Il a plu.

Plural der Nomen

Test 124
… Nomen auf *-al*, *-ail*

1. le travail: les travaux 2. le signal: les signaux
3. un château: les châteaux de la Loire 4. un hôpital: les hôpitaux de Paris
5. un animal: les animaux du zoo

Test 125
… Nomen auf *-s*, *-x*, *-z*

1. manger du riz cuit à l'eau 2. la croix rouge
3. suivre trois cours de littérature française
4. Ce sont mes fils. 5. Je suis né avec un bon nez.

Test zur Tabelle
… unregelmäßige Formen

1. Brigitte a les yeux bleus
2. acheter une douzaine d'œufs
3. jeter deux os au chien
4. manger du filet de bœuf

Possessivpronomen

Test 126
… leur / leurs

1. M. et Mme Dubois ont écrit que leur fils Eric était malade. 2. Leurs filles vont très bien. 3. Ils cherchent une personne sérieuse pour s'occuper de leurs enfants. 4. Je n'aime pas les chiens avec leurs grandes oreilles.

Test 127
… mon, ton, son

1. C'est mon idée, ma proposition. 2. C'est mon affaire. 3. Vous avez mon adresse et mon numéro de téléphone? 4. Je lui ai témoigné mon amitié. 5. Il connaît ma profession.

Test 128
… sa, son, ses

1. sa voiture: sein Auto / ihr Auto *2. son chapeau:* sein Hut / ihr Hut
3. ses lunettes: seine Brille / ihre Brille

Test 129
pouvoir / savoir

1. Elle ne sait pas nager, la petite, elle est encore trop jeune.
2. Aujourd'hui on ne peut pas nager, parce que la mer est trop agitée.
3. Sandrine a été dans une auto-école, maintenant elle sait conduire.

Präsens

Test 130
… Accent circonflexe in Verbformen

1. connaître: elle connaît 2. faire: elle fait
3. se taire: elle se tait 4. savoir: elle sait
5. plaire: elle plaît 6. haïr: elle hait

Test 131
… apercevoir, recevoir

1. Elle voit son ami dans le métro.
2. Elle aperçoit son ami dans le métro.
3. Il ne voit pas Sylvie. 4. Il n'aperçoit pas Sylvie.

Test 132
… Infinitiv ≠ 3. Pers. Pl.

1. dire, ils disent 2. aller, ils vont
3. voir, ils voient 4. savoir, ils savent

Test 133
… 2. Pers. Sg.

1. tu finis: il finit 2. tu aimes: il aime
3. tu offres: il offre 4. tu viens: il vient

Test 134
… 3. Pers. Pl.

1. il cherche: ils cherchent 2. elle aime: elles aiment 3. il mange: ils mangent
4. elle appelle: elles appellent 5. il achète: ils achètent 6. elle ouvre: elles ouvrent

Test 135
… prendre – ils prennent

1. je prends 2. nous prenons
3. ils prennent 4. en prenant

Test 136
… Verbformen auf *-t*, *-d*

1. atteindre: il atteint 2. attendre: il attend 3. craindre: il craint
4. peindre: il peint 5. prendre: il prend 6. se plaindre: il se plaint
7. résoudre: il résout

Test 137
… Verbformen auf *-tes*

1. Que dites-vous? 2. Où êtes-vous? 3. Que faites-vous?
4. Dites-moi franchement votre avis. 5. Etes-vous d'accord?

Test 138
… Verbformen auf *-x*

1. Je fais tout ce que je peux. 2. Maintenant je n'en peux plus.
3. Tu peux m'aider? 4. Je veux le savoir. 5. Veux-tu te taire.

Test 139
près / prêt

1. Soyez prêts à cinq heures. 2. se tenir prêt 3. M. Dubois habite tout près de son bureau. 4. Le déjeuner est prêt; venez à table.

Test 140
quand / quant

1. Quant à sa proposition, il faut l'examiner. 2. Quant à moi, je suis d'accord. 3. Je le lui dirai quand il me téléphonera.

Test 141
quand / si

1. Quand tu auras lu ce roman, tu me le rendras.
2. Si ce roman te plaît, je t'en prêterai d'autres du même auteur.
3. Si nous étions partis plus tôt, nous n'aurions pas manqué le bus.

Test 142
que

1. Le garçon, que tu vois dans la rue, est mon fils. 2. Je crois qu'il est doué. 3. Je suis sûr qu'il réussira. 4. J'espère qu'il aura une bonne place.

Test 143
***quelque* in Wortverbindungen**

1. Je serai à Paris pour quelque temps. 2. J'y verrai quelquefois Madame Duval. 3. J'irai à la fête avec quelques-uns de mes amis.
4. Tu attends encore quelqu'un?
5. Elle m'a raconté quelque chose de très intéressant.

Test 144
quelque(s)

1. dire quelques mots 2. attendre quelques jours 3. quelques touristes 4. quelque chose 5. quelque temps 6. inviter quelques amis

Test 145
***quelque chose etc.* + Adjektiv**

1. rien de plus beau
2. Personne de blessé?
3. C'est quelque chose d'extraordinaire.

Test 146
question

1. Quelqu'un a posé une question? 2. Il faut poser cette question à Sandrine. 3. Son ami se pose la question de savoir ce qu'il fera sans travail.

Test 147
se rappeler qc/qn / se souvenir de qc/qn

1. Alain: Je me rappelle très bien notre premier rendez-vous.
2. La petite Yvonne? Je me souviens d'elle.
3. Je ne me rappelle plus ton numéro de téléphone.
4. Vous souvenez-vous de vos promesses, monsieur?

Test 148
recevoir, etc.

1. Présent: je reçois, nous recevons, ils reçoivent 2. Passé composé: il a reçu 3. J'ai reçu la lettre. 4. Alain reçoit des cadeaux pour sa fête. 5. Nous avons reçu de bonnes nouvelles. 6. Isabelle reçoit beaucoup de compliments.

Test 149
Reflexivpronomen *lui / soi*

1. On doit aimer son prochain comme soi-même.
2. Il faut toujours rester maître de soi. 3. Alain est maître de lui.
4. M. Dubois nous a reçu chez lui. 5. Chacun pour soi, et Dieu pour tous.

Relativpronomen

Test 150
… ce qui / ce qu'il

1. Sandrine pense à Alain: Je me demande ce qu'il fait à cette heure.
2. J'ignore ce qu'il a écrit dans sa lettre adressée à ses parents.
3. Je ne comprends pas ce qui l'empêche de téléphoner.
4. Cœur qui soupire n'a pas ce qu'il désire.

Test 151
… lequel

1. C'est une Mercédès pour laquelle M. Dubois a payé beaucoup d'argent.
2. Qui est la personne à qui vous venez de parler?
3. Y a-t-il des idéaux pour lesquels vous seriez prêt à risquer votre vie?

Test 152
… qui / que

1. La voiture a) que j'ai achetée … b) qui est très confortable … c) qui m'a coûté cher … d) que je montre à mes amis …
2. C'est M. Dubois a) que je connais depuis longtemps … b) qui est directeur chez Renault … c) qui a deux enfants … d) que j'attends …

Test 153
… qui / qu'il

Voici un argument 1. qui est bon. 2. qu'il doit accepter, son père. 3. qu'il trouve convaincant. 4. qui prouve qu'Eric a raison.

Test 154
… qui

1. les visiteurs qui sont dans ce musée … 2. les objets d'art qui sont dans ce musée … 3. les gardiens qui sont dans ce musée … 4. les tableaux qui sont dans ce musée …

Test 155
responsable de

1. Les parents sont responsables de leurs enfants.
2. Le directeur est responsable de la gestion de l'entreprise.
3. Vous êtes responsable des dégâts.

Test 156
seul / seulement

1. Toi seul es mon ami. 2. Vous seuls êtes capables de nous aider.
3. J'ai été à Paris, mais seulement trois jours.
4. Un seul motif me pousse à agir.
5. Mes parents arrivent seulement dans deux jours.

Test 157
si

1. Cela ne t'intéresse pas? Si! – Doch! *2. C'est si triste.* – so *3. Excusez-moi si je vous dérange.* – wenn *4. Si j'étais en vacances, j'irais à la plage.* – Wenn
5. On se demande si c'est vraiment nécessaire. – ob

Test 158
***si*-Satz**

1. Si j'étais vous, j'agirais autrement.
2. Si Dieu n'existait pas, il faudrait l'inventer.

Test 159
si / tant

1. Ne mange pas tant. 2. Le temps est mauvais, il a tant plu.
3. Mon petit chat est si joli … Alain est si intelligent …

Test 160
Stammerweiterung der Verben auf *-ir*

1. Présent: je choisis, nous choisissons, ils choisissent
2. Imparfait: je choisissais, tu choisissais, ils choisissaient
3. Finissons cette tasse de café avant de partir.
4. Choisissez l'un ou l'autre.
5. Ce n'est ni le moment ni l'endroit de discuter: agissez!

Subjonctif

Test 161
… je ne crois / pense pas que

1. – Oui, peut-être. Mon père croit que c'est trop dangereux. Mais moi, je ne crois pas que ce soit trop dangereux.
2. – Oui, ma sœur pense que c'est trop difficile. Mais moi, je ne pense pas que ce soit trop difficile.

Test 162
… nach Konjunktionen

1. Il faut attendre jusqu' à ce que mon ami revienne. 2. J'ai attendu longtemps sans que mon ami soit revenu. 3. Il aurait dû téléphoner pour que nous sachions quand il reviendra. 4. Nous ferons une excursion pourvu qu'il fasse beau demain. 5. Maintenant je vais me promener quoiqu'il pleuve un peu / avant qu'il (ne) pleuve / à condition qu'il ne pleuve pas trop / parce qu'il ne pleut pas. (Nach *parce que* steht kein Subjonctif!)

Test 163
… Relativsatz

1. C'est le meilleur film que j'aie vu depuis longtemps. 2. Sandrine est la plus belle fille que je connaisse 3. C'est la plus grande déception que j'aie eue.

Test 164
… ≠ *espérer que*

1. J'espère que tout se passera bien. 2. Il espère que nous serons là à l'heure.
3. J'espère que vous serez content, monsieur.
4. Je ne suis pas sûr que vous soyez content.

Test 165
… ≠ indirekte Rede

1. Elle dit que son ami a téléphoné.
2. Elle ajoute que son ami viendra ce soir.

Test zur Tabelle
… unregelmäßige Formen

1. aller: qu'il aille, que vous alliez 2. être: qu'il soit, que vous soyez
3. savoir: qu'il sache, que vous sachiez 4. faire: qu'il fasse, que vous fassiez
5. vouloir: qu'il veuille, que vous vouliez
6. pouvoir: qu'il puisse, que vous puissiez
7. Le chat veut que je lui apporte son lait.

Test 166
succès

1. avoir du succès 2. sans succès
3. avec succès 4. remporter des succès

Test 167
suivre qn

1. Il marchait le premier, ses camarades le suivaient.
2. Le chasseur suit le cerf à la trace. 3. Le policier suit le voleur.

Test 168
sur / sûr

1. J'en suis absolument sûr. 2. Je l'affirme sur mon honneur. 3. remettre les objets de valeur en mains sûres 4. Etes-vous sûr d'arriver à temps?

Test 169
Tageszeiten, Wochentage

1. le matin 2. ce matin 3. Cet après-midi et ce soir il a plu. 4. Sandrine sort avec Eric le dimanche. 5. M. Dubois est venu dimanche.

Teilungsartikel

Test 170
… *de* nach Mengenangaben

1. Sandrine a des amis / beaucoup d'amis. 2. Il s'est produit des accidents / tant d'accidents. 3. Il est tombé de la neige / un peu de neige. 4. Il fait des fautes / trop de fautes. 5. Nous avons encore du temps / assez de temps. 6. Il faut acheter du beurre / 500 grammes de beurre.

Test 171
… ↯ nach *bien, la plupart*

1. beaucoup de Français 2. la plupart des Français 3. la plupart du personnel est en grève 4. lire beaucoup de romans 5. avoir bien des romans de Simenon 6. posséder bien des livres

Test 172
… *de* nach Verneinung

1. J'ai de l'argent. Il n'a pas d'argent. 2. Je fais des fautes. Il ne fait pas de fautes. 3. Il n'y a pas de fumée sans feu. 4. L'argent n'a pas d'odeur.

Test 173
… ↯ verneintes *«être»*

1. – Qu'est-ce que c'est? Du cidre?
2. – Non, ce n'est pas du cidre, c'est du jus de pommes.
3. – A mon avis, ce n'est pas du jus de pommes, c'est du vin mousseux.

Test 174
… Redewendungen ohne Artikel

1. J'ai envie de rester sur la terrasse. 2. J'ai faim. Tu as des pommes? 3. J'ai soif. Tu as de l'eau minérale? 4. J'ai confiance en mes amis. 5. Il me faut beaucoup de confiance, dans cette situation difficile.

Test 175
… ↯ nach *sans*

1. C'est une maison sans confort. 2. sans exception 3. Ce biscuit est fait avec du beurre. 4. Faire tout le voyage sans accident

Test 176
téléphoner à qn

1. Il faut téléphoner à Sandrine, au directeur. 2. N'oublie pas de téléphoner à M. Dubois.

Test 177
texte

1. lire le texte 2. expliquer le texte 3. un texte tapé à la machine 4. Il faut corriger le texte.

Test 178
le tour / la tour

1. La tour Eiffel a 100 ans. 2. faire le tour du monde 3. la tour de Babel 4. la tour de la cathédrale 5. faire le tour du jardin pour admirer les fleurs

Test 179
tout ce / tous

1. Tout ce qu'il a dit est faux. 2. Tous ont compris. 3. Je les ai invités tous. 4. C'est tout ce que j'ai pu faire.

Test 180
tout de suite, tout à l'heure

1. Alain était là tout à l'heure. 2. Il la revenir tout de suite.
3. Tu as vu l'accident tout à l'heure?
4. La police est arrivée tout de suite.

Test 181
tout le monde

1. Tout le monde est là? 2. Tout le monde est d'accord?
3. Tout le monde aime ce film. 4. Tous ont compris?

Test 182
***tout* + Relativsatz**

1. Mme Collin a un kiosque près de la plage, où elle vend tout ce dont les touristes ont besoin. 2. Elle parle à tous ceux qui sont venus chez elle.
3. Elle sait tout ce qui se passe à la plage. 4. Elle remarque tout ce qui se passe autour d'elle.

Test 183
Trema

1. les vacances de Noël 2. dire tout naïvement ce qu'on pense 3. Julien est un grand égoïste.

Test 184
***-t-* oder *-tt-* in Verbformen**

1. Présent: je jette, nous jetons, ils jettent 2. Futur: je jetterai, nous jetterons, ils jetteront 3. Conditionnel: il jetterait 4. Elle jette les fleurs fanées. 5. Tu jettes la lettre dans la corbeille à papier. 6. Il ne faut pas jeter l'argent par les fenêtres.

Test 185
venir (de) faire qc

1. Je viens de recevoir une lettre.
2. Quand vous êtes à Paris, ne manquez pas de venir me voir.
3. Mais quand je suis arrivé, il venait de partir.

Test 186
ver / verre / vers / vert

1. prendre un verre de vin 2. Cette pomme verte est pleine de vers.
3. aimer la littérature: les vers et la prose
4. descendre vers le lac pour se mettre au soleil

Test 187
Vergleich mit *que / comme*

1. Cette maison est grande comme un palais. 2. Cette maison est plus grande qu'un palais. 3. Le stationnement à Paris est plus difficile que dans les autres villes de France. 4. Tout s'est passé comme je l'avais prédit.

Verneinung

Test 188
…„auch nicht"

1. Je ne l'ai pas entendue non plus.
2. Moi non plus.

Test 189
***… ne pas* + Infinitiv**

1. Sandrine a promis à sa mère de ne pas rentrer trop tard.
2. Je n'ai rien dit pour ne pas vous inquiéter.

Test 190
… non pas

1. Alain a la grippe et non pas une pneumonie.
2. C'est mon argent et non pas le vôtre. 3. C'est un conseil et non pas un ordre.
4. Ma tante a écrit une lettre et non pas une carte.

Test 191
... personne (ne)

1. Je ne l'ai dit à personne. 2. Je ne connais personne. 3. Personne n'est blessé.

Test 192
... von *quelqu'un*

1. Non, je n'attends personne. 2. Non, je n'entends personne. 3. Non, il n'y a personne.

Test 193
... rien (ne)

1. Je ne vois rien. 2. Je n'ai rien trouvé. 3. Rien ne lui plaît. 4. Qui ne risque rien, n'a rien.

Test 194
... von *quelque chose*

1. Non, je n'attends rien. 2. Non, rien ne m'inquiète. 3. Non, on ne peut rien faire. 4. Non, il ne s'est rien passé d'extraordinaire.

Test 195
visiter / aller voir, venir voir

1. Les touristes visitent les châteaux de la Loire.
2. Je vais voir mon cousin à Strasbourg.
3. Est-ce que tu as visité la cathédrale?
4. Sandrine va voir les parents de son ami.

Test 196
voir

1. Il faut absolument voir ce beau film. 2. Elle est fière de se voir admirée de tout le monde. 3. Il ne faut pas croire tout ce qu'on entend.

Test 197
voir / regarder

1. Je ne vois rien dans cette obscurité. 2. Elle regarde sa montre pour savoir quelle heure il est. 3. Le chien regarde son maître pour savoir ce qu'il faut faire. 4. Mme Dubois a mis sa nouvelle robe, elle se regarde dans le miroir.

Zahlen

Test 198
... quatre

1. Inviter quatre personnes. 2. Il mange comme quatre. 3. Elle lui a dit ses quatre vérités.

Test 199
... mit/ohne *-s*

1. quatre-vingts 2. quatre-vingt-dix-neuf 3. cent ans 4. deux cents
5. le monde en l'an deux mille 6. toucher deux millions à la loterie nationale
7. faire plus de cinq cents kilomètres dans la journée

Test 200
... siècle

1. La littérature classique du XVIIe siècle. 2. Victor Hugo a vécu au XIXe siècle. 3. la seconde moitié du XXe siècle.

Erklärung der grammatischen Begriffe

Sie werden in diesem Buch und auch sonst überall verwendet:

Adjektiv *(l'adjectif)*

Eigenschaftswort

Zum Beispiel: *grand, petit, bon, mauvais, beau …*

Adverb *(l'adverbe)*

Umstandswort

Folgende Wortarten werden durch Adverbien näher bestimmt:

1. Verb: *aller lentement,*
2. Adjektiv: *très beau,*
3. Adverb: *plus souvent.*

Viele Adverbien haben die Endung ***-ment***.

Akzent *(l'accent)*

Im Französischen gibt es drei Akzente:

1. L'accent aigu: *écouter, école*
2. L'accent grave: *très, père, où*
3. L'accent circonflexe: *être, tête, même, île*

Apostroph *(l'apostrophe)*

Das „Häkchen" anstelle eines ausgelassenen *e* oder *a*.

Apostrophiert werden immer *le, la, de, me, te, se, ne, que* vor Wörtern, die mit Vokal oder stummem *h* beginnen: *l'arbre, l'eau, je t'aime, on m'a vu, il s'habille …*

Artikel

→ Bestimmter Artikel
→ Teilungsartikel
→ Unbestimmter Artikel

Bestimmter Artikel *(l'article défini)*

Geschlechtswort

Die bestimmten Artikel sind im Französischen:

Formen: *le, la, l', les* (= der, die …)
Beispiele: *le monsieur, la dame, l'homme, les hommes*

Cédille

Der kleine „Haken" unter dem **ç**.

Die Cédille zeigt an, dass das „*c*" vor *a, o, u* wie [s] gesprochen wird: *ça, français, garçon, leçon, reçu*

Demonstrativpronomen

Hinweisendes Fürwort

Im Französischen unterscheidet man:

1. ***le pronom démonstratif:*** *celui, celle, ceux, celles* (= dieser, diese …)
2. ***l'adjectif démonstratif:*** *ce, cet, cette, ces* (= dieser, diese …)
   Das *Adjectif démonstratif* steht immer vor einem Nomen: *ce monsieur, cette dame*

Direktes Objekt → Objekt

Femininum *(le féminin)*

Das **weibliche Geschlecht** vieler Wörter.

Zum Beispiel: *la dame, la mère, la maison, la table, la voiture, elle, la, cette …*

Finite Verbform → Konjugierte Verbform

Futur *(le futur)*

Zukunft

Zum Beispiel: *je commencerai, tu commenceras, il commencera …, je finirai, tu finiras, il finira …*

Gérondif

Das Gérondif wird gebildet mit *en* und dem Partizip Präsens.

Beispiele: *en commençant, en finissant, en attendant …*

Das Gérondif wird meist gebraucht anstelle eines Nebensatzes, der die Gleichzeitigkeit ausdrückt.

Beispiel: *Elle se promène en chantant. (= Elle se promène pendant qu'elle chante.)*

(Ein Gérondif gibt es im Deutschen nicht; es hat auch nichts mit dem englischen „Gerund" zu tun.)

Geschlecht

→ Maskulinum
→ Femininum

Hilfsverb *(le verbe auxiliaire)*

Die **Hilfsverben** sind im Französischen *avoir* und *être*.

Sie dienen zur Bildung der zusammengesetzten Zeiten:
je suis venu, nous avons commencé, il a fini, ils sont sortis …, j'étais venu, nous avions commencé, il avait fini, ils étaient sortis …, je serais venu, nous aurions commencé …

Imperativ *(l'impératif)*

Befehlsform

Zum Beispiel: *Commence, commençons, commencez*
(= Fang an! Fangen wir an! Fangt an!)

Finis, finissons, finissez
(= Hör auf! Hören wir auf! Hört auf!)

Imperfekt *(l'imparfait)*

Zeit der Vergangenheit, die lang andauernde Zustände oder sich wiederholende Handlungen ausdrückt.

Zum Beispiel: *je commençais, tu commençais, il commençait …, je finissais, tu finissais, il finissait …*

Indirektes Objekt → Objekt

Indikativ → Konjunktiv/Subjonctif

Infinitiv *(l'infinitif)*

Die **Grundform** des Verbs, unter dem man es zum Beispiel im Wörterbuch findet.

Zum Beispiel: *commencer, finir, attendre …*

Inversion *(l'inversion du sujet)*

„**Inversion**" ist die Bezeichnung für die Umstellung von Subjekt und Prädikat; d.h., zuerst steht das Prädikat, dann folgt das Subjekt.

Zum Beispiel: *Où suis-je?*
– Bonjour, dit-il.
A peine a-t-elle dit un mot …

Konditional *(le conditionnel)*

Das **Konditional** wird mit dem gleichen Stamm gebildet wie das Futur, jedoch mit den Endungen des Imparfait:

Zum Beispiel: *je commencerais, tu commencerais, il commencerait …*
je finirais, tu finirais, il finirait …

Es wird gebraucht:

1. um die Zukunft – von der Vergangenheit gesehen – auszudrücken:
   Mon oncle m'a écrit qu'il viendrait demain.
2. um eine Annahme, eine Möglichkeit, einen Wunsch, einen Vorschlag usw. auszudrücken:
   J'aimerais aller au cinéma.

Konjugierte Verbform

Man sagt auch **„finite Verbform"** oder **„Personalform"**. Alle Verbformen, die einer der 3 Personen zugeordnet werden können.

(Im Gegensatz zu den „infiniten Verbformen": Infinitiv, Partizipien, *Gérondif.*)

Konjunktion *(la conjonction)*

Bindewort

Es gibt zwei Sorten:

1. **Nebenordnende Konjunktionen,** die gleichartige Satzteile oder Sätze miteinander verbinden: *et, ou, mais, car, donc, …*

2. **Unterordnende Konjunktionen,** die Nebensätze (Gliedsätze) einleiten.

Zum Beispiel: *que* (= dass), *quand, pendant que, depuis que, avant que, après que, jusqu'à ce que, parce que, pour que, de sorte que, quoique, si* (= wenn)

Konjunktiv → Subjonctif

Maskulinum *(le masculin)*

Das **männliche Geschlecht** vieler Wörter.

Beispiele: *le monsieur, le père, le lion, le livre, le train, il, ce …*

Nomen *(le nom)*

Hauptwort (Statt „Nomen“ sagt man auch „Substantiv“.)
Beispiele: *le jour, l'heure, le temps, le moment*

Objekt
(le complément d'objet)

Satzergänzung

Im Deutschen unterscheidet man vor allem „Dativobjekt“ (Frage: Wem …?) und „Akkusativobjekt“ (Frage: Wen oder was …?).

Ich helfe meinem Bruder (Wem …?).
Ich rufe meine Schwester (Wen …?).

Im Französischen unterscheidet man

1. **Direktes Objekt** *(le complément d'objet direct):*
   Je commence les travaux.
   Mon frère a cassé le vase.

Zwischen dem Verb und dem *Complément d'objet direct* steht keine Präposition; sie treffen direkt aufeinander.

2. **Indirektes Objekt** *(le complément d'objet indirect):*
   Je téléphone à mon père.
   Il répond à la question.

Zwischen dem Verb und dem *Complément d'objet indirect* steht die Präposition *à*.

Objektpronomen → Personalpronomen

Partizip Perfekt
(le participe passé)

Mittelwort der Vergangenheit, Partizip II

Im Deutschen hat das Partizip Perfekt meist die Vorsilbe **ge-**: gehört, geantwortet, geendet …

Im Französischen sind die regelmäßigen Endungen
der Verben auf ***-er*** → ***-é***,
der Verben auf ***-re*** → ***-u***,
der Verben auf ***-ir*** → ***-i***.

Beispiele: *écouté, répondu, fini …*

Partizip Präsens
(le participe présent)

Mittelwort der Gegenwart, Partizip I

Im Deutschen: *anfangend, endend, wartend …*

Das Partizip Präsens hat im Französischen die Endung ***-ant***: *commençant, finissant, attendant …*

Passé simple

Historische Vergangenheit

Das Passé simple kommt nur in der Literatur vor und drückt kurze, aufeinanderfolgende Handlungen aus.

Zum Beispiel: *je commençai, tu commenças, il commença …, je pris, tu pris, il prit …*

Perfekt *(passé composé)*

Vollendete Gegenwart

Das Perfekt wird gebildet aus dem Hilfsverb im Präsens und dem Partizip Perfekt.

Beispiele: *j'ai commencé, tu as fini, il est sorti …*

Person *(la personne)*

1. Person Singular: ich / *je*
2. Person Singular: du / *tu*
3. Person Singular: er, sie, es / *il, elle*
1. Person Plural: wir / *nous*
2. Person Plural: ihr / *vous*
3. Person Plural: sie / *ils, elles*

Personalpronomen *(le pronom personnel)*

Persönliches Fürwort

Es gibt 3 Arten:

1. **Subjektpronomen:** *je, tu, il, elle, nous, vous, ils, elles* (= ich, du …)

   Subjektpronomen stehen für ein Nomen, das Subjekt im Satz ist.

2. **Objektpronomen:** *me, te, le, la, nous, vous, les* (= mich, dich …)

   Sie stehen für Nomen, die Objekt im Satz sind.

   Indirekte Objektpronomen: *me, te, lui, nous, vous, leur* (= mir, dir …)

   Sie stehen für Nomen, die indirektes Objekt im Satz sind.

3. **Unverbundene Personalpronomen:** *moi, toi, lui, elle, nous, vous, eux, elles.*

   Sie können Subjekt oder Objekt sein.

Plural *(le pluriel)*

Mehrzahl (im Gegensatz zur „Einzahl“)

Der Plural wird im Französischen sehr oft mit der Endung ***-s*** geschrieben: *un homme – des hommes, une dame – des dames, il – ils …*

Possessivpronomen

Besitzanzeigendes Fürwort

Im Französischen unterscheidet man:

1. ***le pronom possessif:*** *le mien, le tien, le sien; la mienne, la tienne, la sienne; le/la nôtre, le/la vôtre, le/la leur*
   Plural: *les miens, les tiens …* (= die Meinen, die Deinen …)
2. ***l'adjectif possessif:*** *mon, ton, son; ma, ta, sa; notre, votre, leur*
   Plural: *mes, tes, ses, nous, vos, leurs* (= mein, dein …)
   Das *Adjectif possessif* steht immer vor einem Nomen:
   mon père, ta tante, mes amis …

Prädikat *(le verbe)*

Satzaussage

Das Prädikat ist das Verb im Satz, das sich auf das Subjekt bezieht.

Zum Beispiel:

Je commence le travail.
Il a fini ses devoirs.

Präposition *(la préposition)*

Verhältniswort

Präpositionen sind: *à, avec, dans, de, par, pour, sous, sur …*

Präsens *(le présent)*

Gegenwart

Zum Beispiel: *je commence, tu commences, il commence …, je fais, tu fais, il fait …*

Pronomen *(le pronom)*

Fürwort

Jedes Pronomen steht für ein Nomen.

Zum Beispiel: *M. Leroc arrive. Il arrive.*

→ Demonstrativpronomen
→ Personalpronomen
→ Possessivpronomen
→ Reflexivpronomen
→ Relativpronomen

Reflexives Verb *(le verbe pronominal)*

Ein Verb, das mit einem **Reflexivpronomen** gebildet wird.

Zum Beispiel: *se peigner, se laver, s'en aller, se lever, se marier, se promener …*

Reflexivpronomen
(le pronom réfléchi)

Rückbezügliches Fürwort

In dem Satz „Der Friseur kämmt mich“ ist von zwei Personen die Rede. In dem Satz „Ich kämme mich“ ist nur von einer Person die Rede, die Subjekt und gleichzeitig Objekt ist.

„Mich“ ist hier im 2. Beispielsatz ein Reflexivpronomen.

Zum Beispiel: *je me peigne, tu te peignes, il se peigne, nous nous peignons, vous vous peignez, ils se peignent*

Relativpronomen
(le pronom relatif)

Bezügliches Fürwort

Das Relativpronomen leitet einen Relativsatz ein.

Beispiel: Hunde, die bellen, beißen nicht.
Relativsatz ist: die bellen. Relativpronomen ist: die.

Die wichtigsten Relativpronomen im Französischen sind:
qui, que, dont, lequel, ce qui, ce que …

***si*-Satz**

Der **Bedingungssatz**, der mit *si* (= wenn) eingeleitet wird.

Beispiel: *Si Napoléon n'était pas mort, il serait encore en vie.*

Singular ***(le singulier)***

Einzahl (im Gegensatz zur „Mehrzahl“).

Beispiele:
un homme (aber Plural: *des hommes*)
une dame (aber Plural: *des dames*)
il (aber Plural: *ils*) …

Stammerweiterung
(la syllabe intercalaire)

Die Silbe ***-iss-***, die bei den Verben auf ***-ir*** vorkommt.

Zum Beispiel: *nous finissons, vous finissez, ils finissent; je finissais, tu finissais; que je finisse, que tu finisses; finissant; finissons, finissez.*

stummes *h* *(h muet)*

In den meisten französischen Wörtern wird das ***h-*** behandelt, als ob es nicht da wäre.

Beispiele: *l'homme* (Apostroph!), *les‿hommes* (Bindung in Aussprache)

(Es gibt aber Ausnahmen: *la haine, la halle, le hangar, le hareng, le hasard, la hâte, la hauteur, le héros …*)

Subjekt ***(le sujet)***

Satzgegenstand

Nach diesem Satzteil fragt man: Wer oder was …?

Beispiele: *M. Leroc est venu. Le stylo est sur la table.*

Subjektpronomen

→ Personalpronomen

Subjonctif

Die **Möglichkeitsform** (Konjunktiv)

(im Gegensatz zum „Indikativ“ = Wirklichkeitsform).

Indicatif:	Subjonctif:
il sait (er weiß)	*qu'il sache* (dass er wisse)
nous sommes	*que nous soyons*
tu as	*que tu aies*

Der Subjonctif steht v. a. nach einigen Konjunktionen wie: *bien que, quoique, jusqu'à ce que, avant que, pour que …* und nach einigen Verben im *que*-Satz wie zum Beispiel:
Je suis content que tu sois venu.
Je veux que nous allions chez Paul.

Substantiv

→ Nomen

Teilungsartikel
(l'article partitif)

Der **Teilungsartikel** drückt die unbestimmte Menge aus.

Zum Beispiel: *du sucre, de la crème, de l'eau.*

(Im Deutschen wird die unbestimmte Menge ausgedrückt, indem das Nomen ohne Artikel steht.)

Trema *(le tréma)*

Zwei Punkte über einem Vokal.

Das Trema zeigt an, dass zwei aufeinanderfolgende Vokale einzeln gesprochen werden.

Beispiele: *égoïste, naïf, Noël, il haïssait …*

Unbestimmter Artikel
(l'article indéfini)

Unbestimmtes Geschlechtswort

Formen: *un, une, des* (= ein, eine …).
Beispiele: *un monsieur, une dame, des messieurs*

Unpersönliches Verb
(le verbe impersonnel)

Alle Verben, die nur mit *il* (= es) gebildet werden können (nicht mit „ich, du …“).

Beispiele:
falloir: il faut, il fallait, il faudra
pleuvoir: il pleut, il pleuvait, il pleuvra …

Zusammengesetzte Zeiten
(les temps composés)

Die Zeiten, die aus einem Hilfsverb und einem Partizip Perfekt zusammengesetzt sind.

Zum Beispiel:

Passé composé: *il a commencé, il a fini*
Plus-que-parfait: *il avait commencé*
***Conditionnel* (Konditional):** *il aurait commencé*
etc.

Stichwortverzeichnis

Die genannten Ziffern geben generell die **Kapitelnummern** an, nicht die Seitenzahlen, mit Ausnahme der Tabellen.

A

B

C

D

E

Q

R

S

T

U

V

W

X

Z